*Começo conjectural
da história humana*

FUNDAÇÃO EDITORA DA UNESP

Presidente do Conselho Curador
Mário Sérgio Vasconcelos

Diretor-Presidente
Jézio Hernani Bomfim Gutierre

Superintendente Administrativo e Financeiro
William de Souza Agostinho

Conselho Editorial Acadêmico
Danilo Rothberg
Luis Fernando Ayerbe
Marcelo Takeshi Yamashita
Maria Cristina Pereira Lima
Milton Terumitsu Sogabe
Newton La Scala Júnior
Pedro Angelo Pagni
Renata Junqueira de Souza
Sandra Aparecida Ferreira
Valéria dos Santos Guimarães

Editores-Adjuntos
Anderson Nobara
Leandro Rodrigues

IMMANUEL KANT

Começo conjectural da história humana

Tradução
Edmilson Menezes

Título original e m alemão:
Mutmasslicher Anfang der Menschengeschichte

© 2009 da tradução brasileira:
Fundação Editora da UNESP (FEU)
Praça da Sé, 108
01001-900 – São Paulo – SP
Tel.: (0xx11) 3242-7171
Fax: (0xx11) 3242-7172
www.editoraunesp.com.br
www.livrariaunesp.com.br
atendimento.editora@unesp.br

CIP – Brasil. Catalogação na fonte
Sindicato Nacional dos Editores de Livros, RJ

K25c

Kant, Immanuel, 1724-1804
 Começo conjectural da história humana/Immanuel Kant; tradução de Edmilson Menezes. – São Paulo: Editora UNESP, 2010.
 132p.
 Tradução de: Mutmasslicher Anfang der Menschengeschichte
 ISBN 978-85-393-0016-7

 1. História – Filosofia. 2. Metafísica. 3. Filosofia alemã. I. Título.

10-1464.   CDD: 193
                                                       CDU: 1(43)

Editora afiliada:

Asociación de Editoriales Universitarias de América Latina y el Caribe

Associação Brasileira de Editoras Universitárias

Sumário

Apresentação . *7*

Começo conjectural da história humana . *13*

Marco da história . *31*

Observação final . *35*

Apêndice . *41*

Apresentação

Entre 1784 e 1786, Kant publica uma série de escritos sobre a história: *Ideia de uma história universal de um ponto de vista cosmopolita* (1784); *Resposta à pergunta: o que é o esclarecimento?* (1784); *Apreciação da obra de Herder: Ideias em vista de uma filosofia da história da humanidade* (1785); e o *Começo conjectural da história humana*, que aparece em janeiro de 1786 no *Berlinische Monatsschrift* — assim como outros opúsculos kantianos. Essa lista de escritos tem um aspecto em comum: são em formato de artigo e não de tratado. A filosofia da história kantiana parece estruturar-se sobre o influxo de um debate direto e de uma circulação de ideias entre sábios, como no caso dos anos 1785/1786, uma diferença intelectual com Herder,[1] o que confere a essa parte da obra crítica uma feição pública. Ela se revela um *Kampfplatz* público onde se batem os interesses teóricos e práticos de filósofos rivais. Quando se trata de expor as implicações morais e políticas

---

[1] Sobre a polêmica Kant/Herder, ver: Raulet, G., 1996, e Helfer, I., 2000, p.71-85.

do conceito de história universal, propõe-nos Castillo,[2] essa fatura pública participa da liberdade de expressão filosófica e fará uma contribuição mais direta ao debate em torno dos temas candentes da história política.

Outro aspecto a ser destacado: por meio desses textos, identificamos o interesse de Kant em desenvolver, como tema não menos importante, uma história da humanidade com base em fundamentos filosóficos. Escrever a história do gênero humano, concebê-la como história do mundo, salienta a universalidade do conceito de homem e legitima a universalidade dos direitos naturais relativos a ele. Uma história filosófica da humanidade pretende ser uma contribuição à história da civilização, ou seja, um elemento do progresso das ideias, ao fazer da história uma maneira de pensar a humanidade de um ponto de vista universal e cosmopolita.[3]

Embora o *Começo conjectural* foque o passado do homem, ele só o faz para melhor entender o futuro. Uma tentativa de retorno às origens é apresentada como um simples jogo que dá livre curso à imaginação. Um itinerário que remonta a uma espécie de "pré-história humana"[4] toma o cuidado de assinalar os limites de suas pretensões científicas e, desse modo, evita as questões temerárias e as aventuras nas zonas incertas de uma "metafísica do passado". Kant assume as devidas precauções para não se ver enredado na "ficção romanesca" e estabelece seu fio condutor: as pri-

---

2 Castillo, M., 1999, p.8.
3 Idem, ibidem.
4 Idem, ibidem.

meiras páginas da Bíblia. "A Bíblia servirá de mapa, pois Kant julga que é o mais antigo documento que possuímos e, também, porque é o mais respeitado."[5] Com efeito, a narrativa das origens não é mais aceita sob um ponto de vista dogmático, no entanto estará submetida a uma reconstituição racional. Assim, o filósofo lança mão do relato bíblico da queda de Adão e o vê como um guia para compreender não a origem teológica ou filosófica do mal moral, mas a passagem ineluctável da natureza à cultura ou, o que é a mesma coisa, do homem em seu estado de rudeza animal para o de ser racional e social. Aqui, portanto, se situa a transição da tutela da natureza para o estado de liberdade. O trabalho no qual Kant se lançará é o de mostrar como as fases da narrativa do Gênesis simbolizam as etapas dessa evolução.

Nesse texto, pode-se ver caracterizado pela história um papel bastante real para o mal, e ele não traz a marca ética do mal radical.[6] A existência do mal no homem aparece como inseparável da liberdade, o que faz pensar que o seu surgimento na História pode ser interpretado como uma aurora do progresso e despotencializado como uma queda. Dessa forma, essa queda é percebida como o começo e a condição do progresso moral.

Segundo o excelente resumo que nos apresenta Raulet,[7] o programa do *Começo conjectural da história humana* está assim definido: 1) um ataque metodológico em dois momentos.

---
5 Philonenko, A., 1986, p.148.
6 Reboul, O., 1970.
7 Raulet, G., op. cit., p.59.

No primeiro, Kant sustenta a possibilidade de uma "história das origens"; e, no segundo, coloca entre parênteses (contra Herder e a Antropologia da época) toda especulação sobre o aparecimento do homem para partir do *fato* humano, da especificidade do homem em relação às outras criaturas; 2) o primeiro momento da história das origens da espécie humana, como espécie moral, concernente à ruptura fundamental entre o instinto e a razão, marca o começo da história *humana*. São ideias centrais desse momento a igualdade e o direito naturais; 3) uma nota interrompe a narrativa para avaliar o alcance das consequências desse reescrever o começo da história *humana* a partir da separação fundamental entre instinto e razão. A interrupção da narrativa sublinha essa fissura. Trata-se, nesse ponto, de avaliar os ganhos e as perdas segundo uma matemática que funciona, como sempre no caso de uma antinomia, em dois níveis (perdas empíricas e ganhos morais), tentando articulá-los de maneira dinâmica. A teleologia aparece, então, como a solução para as antinomias; 4) a narrativa é retomada com o marco da História e o ponto nodal é o tema da *desigualdade*: o conflito entre o físico e o moral, o empírico e o transcendental – aberto por aquela fissura – inaugurou uma inadequação que é ao mesmo tempo a fatalidade da história humana e sua dinâmica; 5) é apresentada uma observação final, na qual se arremata a condição histórica do homem, com base na responsabilidade deste frente à felicidade, ao mal e ao progresso.

A tradução do texto kantiano *Mutmasslicher Anfang der Menschengeschichte* foi efetuada com base no original alemão da Königlich Preussischen Akademie der Wissenschaften (*Kant's gesammelte Schriften*, v.VIII, p.107-123. Berlim: Walter de Gruyter, 1969), confrontada com a edição *Werkausgabe* (Frankfurt am Main: Suhrkamp, Band XI, 1991, Ed. Weischedel) e cotejada com as traduções francesa (*Opuscules sur l'histoire*. Trad. de S. Piobetta. Paris: Flammarion, 1990), italiana (*Scritti politici e di filosofia della storia e del diritto*. Trad. de G. Solari e G. Vidari. Turim: Unione Tipografico-Editrice Torinese, 1965) e espanhola (*Filosofía de la historia*. Trad. de E. Ímaz. México: Fondo de Cultura Económica, 1987). Meus agradecimentos ao CNPq pelo apoio à pesquisa que originou a tradução. O tradutor, a quem somente cabe a responsabilidade sobre os limites do presente trabalho, agradece, também, a Vinicius Berlendis de Figueiredo, Everaldo de Oliveira e Eduardo Baionni por suas valiosas sugestões e indicações; assim como a Carlos Gianotti e Inácio Helfer.

Edmilson Menezes

Bibliografia seleta sobre a Filosofia da História kantiana

CASTILLO, M. Naissance du concept d'histoire philosophique. In: KANT, I. *Histoire et politique* – Textes & commentaires. Paris: Vrin, 1999.

CHIODI, P. La filosofia kantiana della storia. *Rivista di Filosofia* 58, 1967.

DELBOS, V. La philosophie de l'histoire. In: *La philosophie pratique de Kant*. Paris: PUF, 1969.

FERRY, J.-M. *La question de l'histoire: nature, liberté, esprit. Les paradigmes métaphysiques de l'histoire chez Kant, Fichte, Hegel entre 1784 et 1806.* Bruxelas: Editions de l'Université de Bruxelles, 2002.

HELFER, I. Kant crítico de Herder. *Studia Kantiana*, São Paulo, v.2, n.1, 2000.

HERRERO, F. J. *Religião e história em Kant*. Trad. José A. Ceschin. São Paulo: Loyola, 1991.

LEBRUN, G. Uma escatologia para a moral. In: KANT, I. *Ideia de uma história universal de um ponto de vista cosmopolita*. Trad. Ricardo R. Terra e Rodrigo Naves. São Paulo: Brasiliense, 1986.

MENEZES, E. *História e esperança em Kant*. São Cristóvão: Editora da Universidade Federal de Sergipe/Fundação Oviêdo Teixeira, 2000.

MORI, M. Studi sulla filosofia kantiana della storia. *Rivista di Filosofia*, n.13, 1979.

MUGLIONI, J.-M. *La Philosophie de l'histoire de Kant*. Paris: PUF, 1993.

PHILONENKO, A. *La théorie kantienne de l'histoire*. Paris: Vrin, 1986.

RAULET, G. *Kant. Histoire et citoyenneté*. Paris: PUF, 1996.

REBOUL, O. Kant et la religion. *Revue d'histoire et de philosophie religieuses*, n.50, 1970.

TERRA, R. R. *A política tensa*: ideia e realidade na filosofia da história de Kant. São Paulo: Iluminuras, 1995.

TROELTSCH, E. Das Historische in Kants Religionsphilosophie. *Kant-Studien*, n.9, 1904.

WEYAND, C. Kants Geschichtsphilosophie. Ihre Entwicklung und ihr Verhältnis zur Aufklärung. *Kant-Studien* (Ergänzungshefte 85), Colônia, 1964.

YOVEL, Y. *Kant et la philosophie de l'histoire*. Paris: Méridiens Klincksieck, 1989.

ZINGANO, M. A. *Razão e história em Kant*. São Paulo: Brasiliense, 1989.

Começo conjectural da história humana

(VIII, 109) É permitido, no *curso* de uma narrativa histórica, formular *aqui e ali* conjecturas com o objetivo de completar as lacunas de nossos documentos, pois um primeiro fato, considerado como causa anterior, e logo um segundo, considerado como efeito do primeiro, podem guiar-nos com bastante certeza na descoberta de causas intermediárias que tornem os intervalos compreensíveis. Contudo, *apoiar* uma história apenas em conjecturas é, ao que parece, fazer tão só o esboço de um romance. Aliás, uma tal obra não mereceria sequer o título de *história conjectural*, mas simplesmente o de mera *ficção*. O que não ousamos fazer dentro do curso da história das ações humanas, podemos tentar estabelecer, mediante conjecturas, para os *primórdios* dessa história, porque se trata de uma obra da *Natureza*. Pois não podemos tirá-los da fantasia, mas é permitido deduzi-los da experiência, ao supor a natureza desde o início nem melhor nem pior do que é atualmente postulado, aliás, conforme a analogia da natureza e desprovido de algo de temerário. Uma história do primeiro desenvolvimento da liberdade com base nas disposições originárias próprias à natureza humana é, portanto, diferente da história do progresso da liberdade, fundada apenas em documentos.

Todavia, como as conjecturas não podem proclamar em alto e bom som suas pretensões de assentimento, elas devem apenas apresentar-se como um exercício concedido à imaginação, acompanhada da razão, para o divertimento e a saúde da mente. Em nenhum caso devem ser encaradas como algo sério. Também não podem ser comparadas com o gênero de história que trata desse mesmo assunto, estabelecida e digna de crédito como documentação efetiva, e cujo controle repousa sobre outros fundamentos que não a simples filosofia da natureza. Por isso mesmo, e aqui empreendo apenas uma viagem prazerosa, seja-me permitido utilizar como guia um texto sagrado, e, ao mesmo tempo, supor que meu itinerário, percorrido nas asas da imaginação (VIII, 110), mas não sem guardar um fio condutor ligado pela razão à experiência, reencontre exatamente o mesmo caminho já traçado nesse texto, de um ponto de vista histórico. O leitor consultará as páginas desse documento (Gênesis, 2:6),[1] e, passo a passo,

---

[1] O volume da Bíblia de Kant ficou preservado. É uma edição traduzida por Lutero e impressa em 1751, fato que torna muito improvável que ela tenha sido utilizada ou anotada por outros membros da família. É, portanto, pertinente afirmar que os trechos e palavras ali sublinhados, assim como as diversas indicações marginais, são do próprio Kant. Essas indicações, malgrado sua aparente insignificância, sugerem a orientação da meditação religiosa do filósofo. Foram recolhidas na edição da Academia (Berlim), *Refl.*, n.8112, XIX. Cf. Bruch, J.-L., 1968,

verificará se o caminho assinalado conceitualmente pela Filosofia está em consonância com aquele indicado pela História.

Se não queremos nos perder em meras conjecturas, é preciso tomar como ponto de partida o que a razão humana não saberia deduzir de nenhuma causa natural antecedente, ou seja, a *existência do homem*; e, ainda, considerá-lo *completamente formado*, pois ele tem de prescindir do auxílio materno, constituindo um *casal*, a fim de propagar sua espécie; porém *um único* casal, para evitar que a guerra surja imediatamente entre os homens vivendo juntos, embora estranhos uns aos outros, e também para não responsabilizar a natureza por ter, pela diversidade de origem, negligenciado a organização mais perfeita do ponto de vista da sociabilidade, considerada como fim superior da destinação humana; pois a unidade da família, da qual haviam os homens de descender, era para esse fim a melhor preparação. Coloco esse casal num lugar seguro contra o ataque das feras e provido em abundância pela natureza dos meios de subsistência, quer dizer, numa espécie de *jardim* sob um clima sempre benigno. E, o que é mais, considero-o apenas depois que já tenha avançado de modo considerável na habilidade de se servir de suas forças. Por conseguinte, não parto de sua natureza em estado absolutamente rude,

---

p.267. Ver também Mancini, I., 1975. O leitor pode acompanhar integralmente as récitas bíblicas citadas por Kant no *Começo conjectural da história humana* servindo-se da versão de que dispomos em português, elaborada por um protestante, a saber, a de João Ferreira d'Almeida, disponibilizada pela Sociedade Bíblica do Brasil (Rio de Janeiro). (N.T.)

porque, de fato, estaria lançando ao leitor demasiadas conjecturas e pouca verossimilhança, se pretendesse preencher essa lacuna que abarca, provavelmente, um grande lapso de tempo. O primeiro homem podia, portanto, *erguer-se e andar*; podia *falar* (Gênesis, 2:20),[2] ou melhor, *discorrer*, isto é, falar segundo um encadeamento de conceitos (Gênesis, 2:23); logo, podia *pensar*. Simples habilidades que teve de adquirir por suas próprias mãos (pois, caso fossem inatas, também seriam herdadas, o que contradiz a experiência); (VIII, 111) admito desde agora que ele as possui para poder levar em consideração o desenvolvimento moral em sua conduta, algo que pressupõe, de forma necessária, aquela primeira habilidade.

Somente o instinto, esta *voz de Deus*, à qual obedecem todos os animais, é que devia guiar a nova criatura. Esse instinto permitia-lhe comer algumas coisas e lhe proibia outras (Gênesis, 3:2-3). Porém, não é necessário admitir, para aquele nível, um instinto especial, hoje desaparecido; bastaria somente o olfato e seu parentesco com o órgão do gosto, a conhecida simpatia entre este último e os

---

2 *O impulso para a comunicação com o outro* deve, inicialmente, ter incitado o homem, ainda solitário, a dar a conhecer sua existência a outros seres viventes, em especial àqueles que emitem sons que ele pode reproduzir e utilizar em seguida como nome. Um efeito análogo a esse impulso pode ainda ser observado entre as crianças e os dementes que, por meio de murmúrios, gritos, assovios, cantos e outras atitudes ruidosas (frequentemente também por imprecações), perturbam a parte pensante da comunidade. Não vejo, pois, nenhum outro motivo para essa atitude além da vontade de manifestar em derredor sua existência.

órgãos da digestão e, com isso, a faculdade[3] de pressentir a adequação ou não de um alimento à satisfação; de semelhante coisa temos ainda hoje alguns exemplos. Tampouco é necessário supor que esse sentido estivesse mais aguçado no primeiro casal, porque é bem sabido como é grande a diferença existente na percepção entre os homens que se servem unicamente de seus sentidos e aqueles que se ocupam, além disso, de seus pensamentos, desviando-se, assim, das sensações.

Enquanto o homem inexperiente obedecia à voz da natureza, encontrava-se bem. Mas logo a *razão* começa a instigá-lo e estabelece um paralelo entre o que ele havia consumido e os dados de outro sentido independente do instinto, a visão talvez, desencadeando uma analogia entre esses dados e as impressões anteriores; ela buscará estender seus conhecimentos relativos aos alimentos além dos limites do instinto (Gênesis, 3:6). Eventualmente, essa tentativa poderia ter sido bastante bem-sucedida, mesmo sem o instinto, à condição de não tê-lo contrariado. No entanto, resulta ser uma qualidade da razão poder, com ajuda da imaginação, provocar de modo artificial novos desejos que, além de não se fundarem numa necessidade natural, estão com ela *em contraste* direto; desejos que, se no princípio merecem o nome de *concupiscência*, pouco a

---

3 O alemão dispõe de três auxiliares para dizer *poder*: *dürfen* (no sentido de ter o direito), *mögen* (no sentido de ser possível) e *können* (no sentido de saber fazer). Nesse caso, o termo *Vermögen*, cujos equivalentes latino e grego são, respectivamente, *facultas* e *dynamis*, foi traduzido por *faculdade*, ou seja, um poder para realizar um fim. (N. T.)

pouco se convertem num enxame de inclinações supérfluas, e mesmo antinaturais, que recebe o nome de *voluptuosidade*. A ocasião para abandonar o impulso natural pode ser apenas insignificante; porém, o êxito das primeiras tentativas, o fato de ter-se dado conta de que sua razão (VIII, 112) tinha a faculdade de transpor os limites em que são mantidos todos os animais, foi muito importante, e, para o modo de vida, decisivo. Talvez, supondo que a simples visão de um fruto, por analogia com a lembrança de outros anteriormente degustados, fora o motivo da tentação; que a isto se juntara, ainda, o exemplo dado por algum animal cuja natureza fora adequada ao consumo daquele fruto, nocivo, ao contrário, para o homem, e que, neste último, por conseguinte, um instinto natural tenha agido em vista de uma repulsão, isso pôde, dessa forma, já fornecer à razão a primeira oportunidade para se contrapor à voz da natureza (Gênesis, 3:1), e, apesar da oposição desta, permitir a primeira tentativa de uma livre escolha; tentativa que, pelo fato de ter sido a primeira, não responderia com verossimilhança ao esperado. O dano que disso resulta pode ter sido, então, diminuto, mas tal fato teria, igualmente, induzido o homem a abrir os olhos (Gênesis, 3:7). Ele descobriu em si uma faculdade de escolher por si mesmo sua conduta e de não estar comprometido, como os outros animais, com um modo de vida único. À satisfação momentânea que a descoberta dessa vantagem lhe causou, imediatamente seguiram-se ansiedade e medo: como ele, que ainda não conhecia de nenhuma coisa as qualidades ocultas e os efeitos distantes, poderia servir-se daquela faculdade recém-descoberta? Ele se encontra, por assim dizer, à beira de um abismo, porque mais além dos objetos do seu desejo, que até então dependiam do instinto, abria-se-lhe, agora, uma infinidade de opções, dentre as quais não sabia ainda escolher; e, uma vez tendo provado esse estado de liberdade, tornava-se para ele impossível, doravante, volver à servidão (sob o domínio do instinto).

Após o instinto para nutrir-se, por meio do qual a natureza conserva cada indivíduo, o mais importante é o *instinto sexual*, graças ao qual se vê conservada a espécie. A razão, uma vez desperta, não tardou a exercer sua influência também sobre este. O homem logo verificou que o estímulo sexual, que nos animais repousa somente sobre uma impulsão passageira e, a maior parte das vezes, periódica, nele era possível prolongar-se e até mesmo ser acrescido da imaginação, que opera com moderação, mas, ao mesmo tempo, com maior duração e regularidade, à medida que o objeto é *subtraído aos sentidos*, evitando-se, assim, a saciedade que a satisfação de um simples desejo animal traz consigo. (VIII, 113) A folha de figueira (Gênesis, 3:7) foi, portanto, o resultado de uma manifestação da razão mais importante do que todas as outras por ela realizadas na primeira etapa de seu desenvolvimento. Pois, tornar uma inclinação mais forte e mais durável, subtraindo seu objeto aos sentidos, já denota certa supremacia consciente da razão sobre os impulsos e não apenas, como acontecia no estágio inferior, uma faculdade de prestar-lhes serviço em maior ou menor proporção. A *renúncia* foi o artifício que conduziu o homem dos estímulos puramente sensuais aos estímulos ideais, e, aos poucos, do apetite exclusivamente animal ao amor; com este, o sentimento daquilo que é puramente agradável torna-se o gosto do belo, descoberto, no início, apenas no homem e, depois, também na natureza. A *decência*, inclinação a provocar com nossas boas maneiras (ao mascarar o que poderia incitar o desprezo) o respeito dos demais, e fundamento autêntico de toda verdadeira sociabilidade, ofereceu também o primeiro sinal de que o homem era uma criatura capaz de ser moralmente educada. Esse foi um começo tênue, mas fez época por ter imprimido ao pensamento uma nova orientação, e sua importância excede toda a série ininterrupta dos desenvolvimentos culturais que se sucederam.

O terceiro passo da razão, depois que se mesclou com as necessidades sentidas imediatamente, foi a circunspecta *expectativa do futuro*. Essa faculdade de não gozar apenas do momento presente, mas de abarcar, de maneira atual, o futuro, frequentemente tão distante, é o signo distintivo mais característico da superioridade do homem para, conforme sua destinação, preparar-se para os fins mais longínquos; porém, da mesma forma, é a fonte inesgotável de inquietudes e preocupação, por causa da incerteza desse futuro, da qual os animais foram subtraídos (Gênesis, 3:13-19). O homem, que tinha de nutrir a si próprio, a sua mulher e a seus futuros filhos, anteviu a dificuldade sempre crescente de seu trabalho;[4] a mulher anteviu os

---

4 A passagem encontra-se em consonância com outros textos de Kant: "O homem é o único animal obrigado a trabalhar. Para que possa se manter, deve necessariamente fazer muitas

sofrimentos aos quais a natureza havia submetido o seu sexo e, como se não bastasse, aqueles que lhe imporia o homem, porque mais forte. Além disso, os dois anteviram com temor, por trás do quadro dessa vida penosa, algo que também ocorre inelutavelmente a todos os animais, mas que a nenhum preocupa: a morte; e, então, pareceu-lhes bom rechaçar e converter em crime o uso da razão, que lhes havia provocado todos esses males. Viver em sua posteridade, quiçá possuidora de melhor sorte, ou, ainda, viver no seio de uma família (VIII, 114), que poderia

---

coisas. A questão de se o céu não teria sido mais benevolente conosco ofertando-nos todas as coisas já prontas, de sorte que não precisássemos trabalhar, deve seguramente receber uma resposta negativa: com efeito, o homem tem necessidade de ocupações, inclusive daquelas que implicam certo constrangimento. É igualmente falso imaginar que, se Adão e Eva tivessem permanecido no Paraíso, não teriam feito mais do que estar sentados juntos, entoando canções pastorais (*arkadische Lieder*) e contemplando a beleza da natureza. O tédio os atormentaria, como atormenta outras pessoas em situação semelhante. O homem deve permanecer ocupado, de tal forma que, tendo em vista o fim a ser alcançado, se realize sem mais sentir a si mesmo, e o melhor repouso seja aquele que sucede ao trabalho" (*Über Pädagogik*. AK, IX, p.471). Kant contrapõe-se a um finalismo teológico, tal como aparece em algumas filosofias anteriores (Wolff, por exemplo), cujo fundamento consistia na afirmação de que Deus preparou o mundo de tal maneira que o homem nele já encontre as soluções prontas para os seus problemas. A perspectiva kantiana é inteiramente outra: a finalidade da providência (ou da natureza) consiste em colocar problemas para o homem. Esses problemas obrigam-no a se superar, trabalhar e se adaptar. Cf. Kritik der Urteilskraf, doravante citado como *KU*, §67. Ver, a esse respeito, Philonenko, A., *Notas à tradução de Kant*, *I*., 1987, nota 86. (N. T.)

aliviar seus sofrimentos, eis a única perspectiva consoladora que talvez os fortaleceram (Gênesis, 3:16-20).

O quarto e último passo da razão, que eleva o homem acima da sociedade com os animais, foi fazê-lo compreender (ainda de maneira obscura) que era propriamente *o fim da natureza*,[5] e nada do que vive sobre a terra poderia fazê-lo renunciar a isso. Na primeira vez que disse à ovelha: "A pele que portas, não te deu a natureza para ti, mas para mim", arrancando-a e com ela vestindo-se (Gênesis, 3: 21), descobriu um privilégio que tinha, em razão de sua natureza, sobre todos os animais, já não considerados companheiros na criação, mas sim meios e instrumentos colocados à disposição de sua vontade para o sucesso de seus propósitos. Essa representação implicava (embora de modo obscuro) a ideia oposta, ou seja, ele não poderia dirigir-se, nos mesmos termos, a nenhum *homem*, mas deveria considerar todos os homens iguais e copartícipes nos dons da natureza, numa preparação antecipada das limitações que a razão haveria de impor, no futuro, à sua vontade, tendo em vista os demais homens – algo muito mais necessário à instituição da sociedade que a inclinação e o amor.

Desse modo, o homem entrou em estado de *igualdade com todos os outros seres racionais*, qualquer que fosse a sua posição (Gênesis, 3:22), isto é, em relação à pretensão de *ser um fim para si mesmo*, a ser estimado pelos outros como tal, e a não ser utilizado por ninguém como simples meio

---

[5] Sobre a dupla percepção do homem sobre si mesmo como fim da natureza, ver *KU*, §83. (N. T.)

para atingir outros fins.⁶ Nisso, e não na razão considerada simples instrumento para a satisfação de diversas inclinações, reside o fundamento da ilimitada igualdade dos seres humanos, inclusive com os seres superiores que, por seus dotes naturais, pudessem superá-los; nenhum deles poderia pretender, por isso, o direito de mandar e reger caprichosamente aqueles. Esse passo está simultaneamente vinculado ao *abandono* do seio maternal da natureza: sem dúvida uma mudança honrosa, mas, ao mesmo tempo, muito perigosa, porque o retira da inocência e da segurança próprias ao estado infantil, como de um jardim no qual encontrava sustento sem trabalho (Gênesis, 3:23), e o lança no mundo, onde o aguardam tantos riscos, penas e males desconhecidos. No futuro, em meio às dificuldades da vida, sua imaginação lhe apresentará, com frequência, um paraíso, onde ele poderia, num tranquilo ócio e (VIII, 115) numa paz constante, gozar de sua vida a sonhar e a divertir-se de modo despreocupado. Contudo, entre ele e esse imaginário lugar de delícias, a infatigável razão se interpõe e o impulsiona a desenvolver, de maneira inelutável, as capacidades nele presentes, não lhe

---

6 A fórmula já aparece em 1785 na *Fundamentação da metafísica dos costumes*: "Age de tal maneira que uses a humanidade, tanto na tua pessoa como na de qualquer outro, sempre e ao mesmo tempo como fim e nunca simplesmente como meio" (*Grundlegung*, Kant's Gesammelte Schriften [doravante citado como *AK*], IV, p.429). O homem, e, de um modo geral, todo ser racional, existe como fim em si mesmo, e não como meio para o uso arbitrário desta ou daquela vontade. Em todas as ações, tanto nas que se voltam para si mesmo como nas que se voltam para os outros seres racionais, o homem tem sempre de ser considerado simultaneamente como fim. (N. T.)

permitindo retomar o estado de rudeza e simplicidade do qual o havia tirado (Gênesis, 3:24). Ela o impele a suportar pacientemente a fadiga – que o aborrece, a buscar o trabalho – que ele despreza, e mesmo a esquecer a morte, diante da qual treme, em proveito de todas essas bagatelas cuja perda o aterroriza ainda mais.

Nota

Dessa exposição acerca do começo da história humana resulta o seguinte: a saída do homem do Paraíso, que a razão lhe apresenta como a primeira instância de sua espécie, não significa outra coisa que a passagem da rudeza de uma criatura puramente animal para a humanidade, dos domínios nos quais prevalecia o governo do instinto para aqueles da razão; numa palavra, da tutela da natureza para o estado de liberdade. A questão de saber se o homem ganhou ou perdeu com essa mudança não mais se impõe quando olhamos a destinação de sua espécie, que reside unicamente em *progredir* rumo à perfeição, pouco importando os erros do início, durante os sucessivos ensaios empreendidos por uma longa série de gerações em sua tentativa para atingir aquele alvo. No entanto, essa marcha, que para a espécie é um *progresso* que vai do pior para o melhor, não é precisamente a mesma coisa para o indivíduo.[7] Antes do despertar da razão, não havia nem mandamento nem interdição e, portanto, ainda nenhuma trans-

---

7 Ver, a esse respeito, Kant, I., 1986, *AK*, VIII, 2ª Proposição. (N. T.)

gressão; porém, quando de imediato a razão começa a exercer sua ação e, débil como é, luta corpo a corpo com a animalidade em toda a sua força, então deve aparecer o mal e, o que é pior, com a razão cultivada, vícios ausentes por completo no estado de ignorância e, consequentemente, de inocência. O primeiro passo para transpor esse estado foi, do ponto de vista moral, uma *queda*; e, do ponto de vista físico, a consequência foi toda uma série de males até então desconhecidos, logo, um *castigo*. A história da *natureza* começa, por conseguinte, pelo bem, pois ela é *obra de Deus*; a história da *liberdade* começa pelo mal, porque ela é *obra do homem*. No que concerne ao indivíduo, que, no uso de sua liberdade, não pensa senão em si, essa mudança foi uma perda; para a natureza, cujo (VIII, 116) fim, em se tratando do homem, visa somente à espécie, foi um ganho. O indivíduo tem, por isso, motivos para atribuir à sua própria culpa todos os males que suporta e todas as maldades que pratica; contudo, também tem o ensejo, na qualidade de membro do todo (da espécie), de admirar e louvar a sabedoria e a adequação dessa ordem. Desse modo, podemos acordar entre si e com a razão as afirmações do célebre J.-J. Rousseau, que aparentemente se contradizem e foram tão amiúde mal compreendidas. Em seus escritos sobre a *Influência das ciências* e sobre a *Desigualdade entre os homens*,[8] ele

---

8 Alusão aos dois discursos de Jean-Jacques Rousseau (1712-1778): *Si le rétablissement des sciences et des arts a contribué à épurer les moeurs* (Genebra, 1750) e *Sur l'origine et les fondemens de l'inégalité parmi les hommes* (Amsterdã, 1755). Sobre a recepção da filosofia francesa por Kant, especialmente Rousseau, ver Ferrari, J., 2005. (N. T.)

mostra, com justeza, o inevitável antagonismo entre a cultura[9] e a natureza do gênero humano como espécie física, no qual todo o indivíduo deve realizar plenamente a sua destinação; mas, em *Emílio, Contrato social* e outros textos, ele busca resolver um problema ainda mais difícil: saber como a cultura deve progredir para desenvolver as disposições da humanidade, como espécie *moral*, conforme a sua destinação, de sorte que esta última não se oponha mais à primeira, à espécie natural. Desse antagonismo (porquanto a cultura, segundo os verdadeiros

---

9 O homem se distingue do animal pela cultura (*Kultur*) (*Über Pädagogik. AK*, IX, p.466). Esta consiste no desenvolvimento das nossas disposições naturais, como criaturas racionais que somos; é por este último fim (*letzte Zweck*) que temos motivos para atribuir à natureza no tocante ao gênero humano (*KU*, §83). Quando se trata de designar o último fim da humanidade, não é a civilização (*Zivilisierung*), mas a cultura (*Kultur*) que é privilegiada. A civilização representa certa forma de cultura, a da prudência (*Klugheit*). "É preciso cuidar para que o homem se torne prudente (*klug*), que ele se adapte à sociedade, que seja amado e que tenha influência. A esse tipo de cultura (*Kultur*) pertence o que chamamos civilização (*Zivilisierung*)." (*Über Pädagogik. AK*, IX, p.450). "O termo prudência (*Klugheit*) é tomado em sentido duplo: pode designar a prudência nas relações com o mundo, ou pode se referir à prudência privada. O primeiro é a habilidade de o homem, no exercício da ação sobre os semelhantes, deles se servir para suas intenções. O segundo é a sagacidade que o torna capaz de reunir todas essas intenções para alcançar uma vantagem pessoal durável. O último é propriamente aquele para o qual se volta o valor do primeiro, e daquele que é prudente conforme o primeiro sentido, sem estar de acordo com o segundo, pode-se dizer mais justamente que é esperto e astucioso, mas, em suma, imprudente" (*Grundlegung*, 2ª seção, *AK*, IV, p.416). (N. T.)

princípios da *educação* do homem e, ao mesmo tempo, do cidadão, talvez não tenha ainda começado direito, nem muito menos acabado) nascem todos os verdadeiros males que pesam sobre a humanidade e todos os vícios que a desonram,[10] devendo-se ter presente que (VIII, 117) as incitações que nos levam ao vício, mas que nos tornam

---

10 Alguns exemplos serão suficientes para ilustrar esse conflito entre o esforço da humanidade para sua destinação moral, por um lado, e a obediência inelutável às leis postas em sua natureza para uso do estado animal e rude, por outro. A época da maioridade, isto é, a época do impulso e da capacidade de procriação, foi fixada pela natureza entre os 16 e os 17 anos, uma idade na qual o adolescente se torna, no primitivo estado de natureza, literalmente um homem, pois, nesse momento, tem a capacidade de prover suas próprias necessidades, procriar e inclusive suprir as necessidades de sua espécie e as de sua mulher. A simplicidade das necessidades torna sua tarefa mais fácil. Porém, o estado cultivado requer para esse último trabalho muito mais indústria, dependendo tanto da habilidade como do favor das circunstâncias externas, de sorte que essa época, civilmente ao menos, é retardada aproximadamente em dez anos; e, no entanto, a natureza não mudou o momento em que o homem está apto ao matrimônio, para adaptar-se simultaneamente ao progresso do requinte social. Assim, ela segue obstinadamente a sua lei estabelecida para a conservação do gênero humano considerado em sua condição animal. Disso resulta um contraste inevitável entre o fim da natureza e os costumes, e vice-versa, pois o homem natural é, a partir de certa idade, um varão, enquanto o homem civil (que não por isso tenha deixado de ser natural) não é mais que um adolescente, e mesmo uma criança; porque assim podemos denominar a quem, por sua idade (no estado civil), não pode prover suas próprias necessidades e muito menos as de sua família, embora sinta internamente o impulso e a capacidade para criá-la, ou seja, a voz da natureza que o chama. Pois esta,

responsáveis, são em si mesmas boas e, como disposições naturais, adequadas; todavia, como essas inclinações es-

---

por certo, não colocou instintos e capacidades nos seres vivos para que fossem combatidos e sufocados; a disposição dos mesmos não estava orientada em vista de um estado de civilidade, mas unicamente em vista da conservação da espécie humana como espécie animal, e, por isso, aquele estado produz inevitável conflito com esta, embate que somente uma constituição civil perfeita (fim supremo da cultura) poderia eliminar, pois que atualmente esse intervalo é amiúde preenchido por vícios que engendram como consequência a miséria humana sob todas as suas formas.

Outro exemplo que nos demonstra a verdade da proposição de que a natureza em nós colocou disposições para fins diferentes, a saber, a humanidade como espécie animal, por um lado, e como espécie moral, por outro, é aquele da máxima de Hipócrates: *ars longa, vita brevis*. As ciências e as artes poderiam adiantar-se muito mais como obra de uma única cabeça bem dotada que tivesse chegado à maturidade do juízo depois de longo exercício, do que por toda uma série de gerações de doutos, à condição única de que esse espírito pudesse guardar o mesmo vigor e a mesma juventude durante o tempo abarcado por aquelas gerações. Porém, é evidente que a natureza tomou a sua resolução acerca da duração da vida humana, partindo de um ponto de vista que não é o da promoção das ciências. Pois, no momento em que o cérebro mais afortunado chega ao ponto de fazer as maiores descobertas que seu engenho e experiência lhe permitem esperar, apresenta-se a sua velhice; ela enfraquece e deve ceder a uma segunda geração (que deve começar novamente pelo ABC, e deve ainda refazer todo o caminho já percorrido) a tarefa de acrescentar mais um passo rumo ao progresso da cultura. A marcha da espécie humana até o cumprimento de sua destinação parece ser interrompida sem cessar e encontra-se em perigo constante de retroceder à antiga rudeza; e, não sem razão, lamentava-se o filósofo grego: "É lastimoso que um tenha que morrer no momento preciso

tavam preparadas para o estado natural, são contrariadas pelo progresso da cultura e, reciprocamente, trazem prejuízo a esse progresso, até o momento em que a arte, atingindo a perfeição, (VIII, 118) se torna de novo natureza, que é a meta derradeira da destinação moral da espécie humana.

---

em que começamos a nos dar conta do modo como deveríamos ter vivido!"
A *desigualdade* entre os homens pode oferecer-nos um terceiro exemplo; porém, não a desigualdade de dotes naturais ou de fortuna, mas aquela dos *direitos dos homens*; uma desigualdade da qual se lamentava Rousseau com muita propriedade, e que, todavia, é inseparável da cultura, pelo menos enquanto essa última continuar sem um programa bem definido (algo que, por outro lado, é inevitável durante um longo período), e à qual, sem dúvida, a natureza não havia destinado os homens, porque lhes deu liberdade e razão a fim de não designar nenhum outro limite a essa liberdade a não ser a lei universal; trata-se aqui de uma conformidade exterior que se chama *direito civil*. O homem teria de valer-se de si para superar a rudeza de suas disposições naturais, entretanto, em se elevando acima delas, precisaria manter atenção para não as contrariar; habilidade com a qual só poderá contar tardiamente e depois de muitas tentativas fracassadas: durante esse lapso de tempo, a humanidade geme sob o peso dos males que, por inexperiência, causa a si mesma.

Marco da história

O começo do período seguinte foi o tempo em que o homem passou do conforto e da paz ao *trabalho* e à *discórdia*, uma espécie de prelúdio à reunião em sociedade. Aqui, mais uma vez, temos de dar um grande salto e transportá-lo ao período em que ocorre a posse de animais domésticos e plantas que, para se nutrir, ele mesmo pode multiplicar por meio de sementes e plantações (Gênesis, 4:2), embora possamos supor que tenha sido muito lenta a passagem da vida selvagem de caçador à domesticação, e do esporádico desenterrar de raízes e recolher de frutos ao cultivo. Nesse momento teve de iniciar-se a discórdia entre os homens, até então em pacífica convivência, cujas consequências foram a separação dos que levavam gêneros diferentes de vida e sua dispersão pela terra. A *vida pastoril* não somente é cômoda, como propicia ainda o sustento mais seguro, já que não podem faltar alimentos em vastos e desabitados campos. A *agricultura*, ou a plantação, ao contrário, é muito mais penosa e mais dependente das vicissitudes do clima, portanto, insegura; além disso, requer habitação sedentária, propriedade do solo e poder suficiente para defendê-lo. O pastor odeia essa propriedade que limita sua liberdade de pastorear. Ele poderia ser invejado pelo agricultor, por parecer mais favorecido pelos céus (Gênesis, 4:4). Mas, na realidade, o agricultor se ressentia da presença do pastor quando permanecia em sua vizinhança, pois o animal que pasta (VIII, 119) não tem cuidado com as plantações. E, como para o pastor é muito mais fácil, uma vez o dano instaurado, escapar com o seu rebanho e, assim, subtrair-se a toda reparação, pois nada deixa para trás que não possa encontrar equivalente em qualquer outra parte, o agricultor teve de empregar a violência e (como não poderia evitar completamente tais causas), para não perder os frutos de seu trabalho, teve de decidir-se finalmente por apartar-se dos pastores (Gênesis, 4:16). Esse divórcio marca a terceira época.

Quando se tira a própria subsistência de um solo cultivado e plantado (sobretudo com árvores), requer-se uma morada permanente; a defesa desse solo contra todas as violações reclama um grupo de homens que se ajudem mutuamente. Por isso, os homens que levavam esse gênero de vida não podiam dispersar suas famílias, antes foram impelidos a se juntar e a estabelecer aldeias (de maneira imprópria chamadas *cidades*)[1] para defender sua propriedade contra os selvagens caçadores ou contra as hordas de pastores errantes. Os primeiros bens necessários à sobrevivência, cuja provisão requer um *gênero de vida distinto* (Gênesis, 4:20), puderam ser mutuamente *permutados*. Daí

---

1 Ver Gênesis, 4:17. (N.T.)

surgiram a *cultura* e as primícias da *arte*, tanto para as belas-artes como para as artes úteis (Gênesis, 4:21-22); mas, e isto é o fato capital, lá também nascem os primeiros elementos da constituição civil e da justiça pública, no início regulando unicamente as violências extremas, cuja vingança desde então não foi outra vez, como no estado de rudeza, entregue a cada um, mas confiada ao poder da lei que mantinha o conjunto, isto é, a uma espécie de governo acima do qual não se podia exercer nenhum ato de violência (Gênesis, 4:23-24). Desse primevo e rude núcleo pôde desenvolver-se pouco a pouco toda arte própria ao humano, em particular a *sociabilidade* e a *segurança civil*, que é muito benéfica; o gênero humano pôde multiplicar-se e, a partir de um ponto determinado, distribuiu-se por todas as partes, como em colmeias, enviando colonos já cultivados. Com essa época começa, também, a *desigualdade* entre os homens — essa fonte abundante de tantos males, mas, de igual modo, de tantos bens —, característica que foi crescendo.

Enquanto os povos pastores nômades, que não conheciam como senhor senão a Deus, hostilizavam os habitantes das cidades e os agricultores que (VIII, 120) tinham um homem (autoridade) como senhor (Gênesis, 6:4),[2] e

---

2 Os *beduínos* árabes denominam-se ainda filhos de um antigo *xeique*, fundador de sua estirpe (como *Beni Haled* etc.). Ele não é, em nenhum caso, o *senhor* e não pode exercer sobre eles nenhuma autoridade a seu modo, pois num povo de pastores, no qual ninguém possui propriedade imóvel, cada família pode apartar-se facilmente da tribo, caso esta não a agrade, e agregar-se a uma outra.

atacavam suas propriedades como inimigos declarados, sendo, por sua vez, odiados por eles, houve guerra contínua entre os dois ou, no mínimo, perigo constante de guerra. Mesmo assim, ambos os povos puderam gozar, no interior ao menos, do inestimável bem da liberdade (porque o perigo de guerra é o único que, todavia, modera um pouco o despotismo, já que é preciso riqueza para que um Estado atual seja uma potência e, sem *liberdade*, não é possível o trabalho que pode gerar tal abundância. Num povo pobre, requer-se, ao contrário, uma grande participação na conservação do bem comum, o que, por sua vez, tampouco é possível se nele não nos sentimos livres). Com o tempo, o luxo crescente dos habitantes da cidade, em especial a arte de agradar, graças à qual as mulheres citadinas ofuscaram as sórdidas moças do deserto, foi um poderoso estímulo para aqueles pastores (Gênesis, 6:2) unirem-se a essa gente, incorporando-se, dessa forma, à brilhante miséria da cidade. Com esse cruzamento de duas raças inimigas cessa o perigo da guerra e, ao mesmo tempo, cessa a liberdade, ou seja, temos o despotismo de poderosos tiranos, no qual, com uma cultura apenas incipiente, a suntuosidade sem alma da mais abjeta escravidão mescla-se a todos os vícios do estado de rudeza. Enquanto isso, o gênero humano desvia-se inevitavelmente do caminho traçado pela natureza para o desenvolvimento de suas disposições para o bem; e, assim, ele se torna indigno de sua existência, que é aquela de uma espécie destinada a dominar a terra, e não a dela gozar de modo animal e a viver servilmente como escravo (Gênesis, 6:17).

Observação final

O homem que pensa traz consigo uma inquietação capaz de transformar-se em perversão moral; algo que o homem que não pensa ignora totalmente. O primeiro é, com efeito, um descontente com a providência, que preside do alto a marcha do universo, (VIII, 121) quando considera os males que pesam sobre o gênero humano, sem que para eles, parece, haja esperança de remédio. Ora, é da mais alta importância *estarmos satisfeitos com a providência*[1] (mesmo se ela nos traçou uma via penosa sobre o mundo), em parte para guardarmos coragem em meio às dificuldades e, em parte, para nos impedir de atribuir ao

---

1 Se o homem pode e deve, como membro do todo, isto é, da espécie, admirar e estimar a sabedoria presente num plano da natureza, ele não pode, como indivíduo, imputar à providência a responsabilidade do mal. Com a liberdade, o homem adquire a responsabilidade sobre seus atos e o poder de combater o mal, conferindo, dessa maneira, conteúdo a palavras como "providência" ou "plano da natureza". Sobre o tema da providência na História, ver Lebrun, G., 1986; Alves, P. M. S., 1994; Menezes, E., 2001. (N. T.)

destino nosso erro, perdendo de vista, assim, nossa própria falta, que poderia muito bem ser a única causa de todos esses males, negligenciando, por outro lado, o remédio: nosso próprio aperfeiçoamento.

Devemos confessar: os maiores males que pesam sobre os povos civilizados derivam da *guerra*, e não tanto daquela em curso ou da passada, mas dos *preparativos* incessantes e sempre crescentes para a próxima. Para isso dirigem-se todas as forças do Estado, todos os frutos da cultura, que bem poderiam empregar-se para procurar aumentar ainda mais a própria cultura. Em muitos lugares pratica-se imenso prejuízo à liberdade, e o cuidado maternal devido pelo Estado a cada membro transmuta-se em exigências, cuja dureza é impiedosa, legitimada, entretanto, pelo medo de um perigo externo. Contudo, encontraríamos essa mesma cultura, essa estreita união de classes na comunidade para o fomento recíproco do seu bem-estar, essa população, esse grau de liberdade que todavia permanece, apesar de leis muito estritas, encontraríamos tudo isso se não fosse porque a tão temida guerra impõe aos chefes de Estado esse *respeito pela humanidade*? Pensemos somente no caso da *China*, que, por sua situação, pode temer um ataque inesperado, mas não de um inimigo poderoso; lá, precisamente, desapareceu qualquer traço de liberdade. Por conseguinte, no atual nível de cultura em que se encontra o gênero humano, a guerra permanece sendo um meio indispensável para aperfeiçoá-la; e só depois (sabe Deus quando) de haver alcançado o término dessa cultura, poderia ser salutar e até possível uma paz perpétua. Portanto, no que se refere a esse ponto, somos nós próprios culpados do mal de que nos queixamos tão amargamente; e têm plena razão as Sagradas Escrituras ao nos representar a fusão dos povos em sociedade e sua liberação completa do perigo exterior, quando apenas havia começado sua cultura, como obstáculo a toda cultura mais elevada e como naufrágio numa corrupção insanável.

(VIII, 122) O *segundo descontentamento* dos homens refere-se à ordem da natureza no que concerne à *brevidade da vida*. Na verdade, sabemos muito mal apreciar-lhe o valor quando desejamos que dure mais do que realmente dura; isto limitar-se-ia, então, a prolongar um jogo no qual nos encontramos constantemente tomados por enormes dificuldades. Porém, não se pode reprovar um juízo infantil que teme a morte sem amar a vida; torna-se penoso para o dono desse juízo finalizar cada dia de sua existência com falta de contentamento e, portanto, ele ainda desejaria prolongar essa vida. Mas, se pensamos na quantidade de cuidados que nos consomem para sustentar uma tão curta vida, e na quantidade de injustiças que se cometem tendo em vista a esperança de um gozo futuro e breve, acreditar-se-ia razoavelmente, no caso de viverem os homens oitocentos ou mais anos, que nem o pai estaria seguro de sua vida ante o filho, nem o irmão diante do irmão, nem o amigo perante o amigo, e os vícios de uma humanidade tão longeva haveriam de acumular-se a tal nível que não lhe corresponderia outro destino melhor que desaparecer da Terra num dilúvio universal (Gênesis, 5:12-13).

O *terceiro* desejo, ou melhor, a nostalgia vã (porque já se sabe que tal desejo jamais será satisfeito), é essa fantasmagoria, tão cantada pelos poetas, da *idade do ouro*; nela, libertar-nos-íamos de todas essas necessidades artificiosas com as quais nos sobrecarrega o luxo, e ali nos contentaríamos apenas com a satisfação da pura necessidade natural, reinando, dessa forma, uma completa igualdade entre os homens, uma paz contínua, numa palavra, o puro gozo de uma vida despreocupada, ociosamente sonhadora ou infantilmente pândega. Nostalgia que torna tão atrativos os Robinsons e as viagens às ilhas dos mares do Sul, mas que testemunha, sobretudo, o tédio sentido pelo homem que pensa ante a vida civilizada, quando ele procura apreciar seu valor somente através do *gozo*, e põe o contrapeso da preguiça, embora a razão recomende-lhe que atribua valor à vida mediante as *ações*. A nulidade desse desejo de retorno a uma época de simplicidade e inocência mostra-se bastante explicitada no quadro esboçado do estado original: o homem não pode manter-se nele porque (VIII, 123) isso não o satisfaz. Ainda menos disposto estaria ele para lá voltar; de sorte que, dado o estado atual de penas, temos de responsabilizar o próprio homem e sua escolha.

Assim, somente aquela interpretação da história do homem que logra vê-lo atribuir-se, e não à providência, os males que o afligem, será proveitosa e útil para sua instrução e aperfeiçoamento; ele não tem tampouco o direito de remeter-se a um pecado original de seus primeiros pais, por meio do qual a posteridade herdou uma inclinação a transgressões parecidas (posto que as ações do arbítrio nada de hereditário trazem consigo), mas, de modo contrário, tem de reconhecer como seu, agora com pleno direito, o que eles fizeram e imputar a si mesmo toda a culpa de todos os males originados do abuso de sua razão; pois ele pode perceber que teria se conduzido exatamente do mesmo modo nas mesmas circunstâncias, e seu primeiro uso da razão teria consistido (malgrado as advertências da natureza) em dela abusar. Portanto, se o que acabamos de dizer acerca dos males morais está justificado, a consideração aos males físicos propriamente ditos pouco pode fazer para pender a balança a nosso favor no cômputo dos méritos e dívidas.

Este é o resultado de uma história humana primitiva, intentada com a ajuda da Filosofia: satisfação com a providência e com o curso geral das coisas humanas, que não transcorre do Bem para o Mal, mas que, pouco a pouco, se desenvolve do pior para o melhor. Para esse progresso cada um é chamado pela natureza a contribuir com a parte que lhe corresponda e segundo a medida de suas forças.

Immanuel Kant

APÊNDICE
Moral e vida civilizada: notas sobre a avaliação moderna de seus nexos

Edmilson Menezes

Nas páginas seguintes, o leitor encontrará algumas notas acerca da vida civilizada e de como a mesma é analisada pela modernidade. Talvez a questão que possa dar sentido ao que será apresentado seja esta: qual a natureza dos vínculos que a vida civilizada mantém com a moral? Essa mesma pergunta nos vincula, de imediato, a um pensamento sobre a História: uma discussão acerca da vida civil implica em remeter ao fato geral que é a civilização, fato determinante para se pensar, seja por oposição a um estado antecedente, seja como indicativo de remissão a uma condição futura, na trajetória dos homens. O curso seguido por estes pode levar, segundo a interpretação que dermos aos seus sucessivos passos, a uma consecução ética, a um domínio cada vez maior da liberdade ou à certeza de que esses passos vêm acompanhados também da escravidão e do engodo. Duas interpretações se destacam no conjunto das intervenções filosóficas do período: as de Rousseau e de Kant. Inicialmente, será apresentado o tema da civilização e seus contextos, e, em seguida, algumas nuanças da posição dos dois filósofos que nos levam à seguinte constatação: o traço moderno e, portanto, distintivo, para a explicação da vida civilizada é a sua associação ao progresso moral.

Civilização: a palavra e o perfil

Civilização: a construção do conceito

Toda a história do pensamento moderno e as principais conclusões da cultura intelectual do Ocidente estão ligadas à criação e ao manejo de conceitos fundamentais, dos quais o conjunto constitui um vocabulário mais ou menos técnico – embora, em muitos episódios, tenha origem e utilização bastante vulgares. Em nosso caso específico, a filosofia da história moderna não pode prescindir do termo *civilização*, pois a ele está ligada uma série de outros conceitos que somente assim, entrelaçados, ganham significado e estruturam a abrangência daquilo que modernamente é considerado o cerne das discussões em torno da História: a civilização representa o processo fundamental da História ou, ainda, o *terminus* desse processo quando a confrontamos antinomicamente a um estado anterior, à barbárie, ao estado primevo de rudeza. Mas o que é propriamente "civilização"? Qual a carga semântica e conceitual trazida, respectivamente, por seu nome e sua ideia? "Justamente porque *civilização* é uma dessas designações que inculcam uma nova visão de mundo,"[1] justi-

---
1 Benveniste, E., 1966, p.337.

fica-se traçar, embora brevemente, sua composição, a fim de situar a avaliação que nos interessa aqui.

Em francês, *civil* (século XIII) e *civilidade* (século XIV) justificam-se facilmente por seus antecedentes latinos. *Civilizar* é atestado mais tardiamente. É encontrado no século XVI em duas acepções: 1) levar à civilidade, tornar civis e brandos os costumes e as maneiras dos indivíduos; 2) em jurisprudência; tornar civil uma causa criminal. Sem perder completamente o sentido jurídico, esse termo marca, pela primeira vez, a diferença entre um estado selvagem e um estado submetido às leis: "Quando um povo selvagem chega a ser civilizado", assevera um autor da época, "nunca se deve pôr fim ao ato de civilização dando-lhe leis fixas e irrevogáveis; é necessário fazer com que ele considere a legislação que lhe é dada como uma civilização em progresso contínuo".[2]

Com efeito, o substantivo *civilização* é uma aquisição do século XVIII. O *Dictionnaire de Trévoux*, em 1721, definiu civilização com as seguintes balizas:

> Termo de jurisprudência. É um ato de justiça, um julgamento que torna civil um processo criminal. A *civilização* se faz convertendo as informações em investigações, ou de outra maneira.

Mais à frente, o dicionário define ainda o que é *civilizar*:

> Tornar civil, polido, tratável, sociável. *Aliquem ad omne officii munus instruere*. A predicação do Evangelho *civilizou* os

---
2 Bulanger. *Antiguidade revelada pelos seus costumes* (1766), apud Hazard, P., 1963, p.364.

povos bárbaros, os mais selvagens. *Ad humanitatem informare*. Não há nada mais apropriado para fazer *civilizar* e polir um jovem homem do que a conversação entre damas.

Na sequência dos verbetes, vejamos *civilidade*:

Maneira honesta, doce e polida de agir, de conversar em conjunto. *Comitas, humanitas, civilitas*. Devemos tratar todo mundo com *civilidade*. A *civilidade* é certo jargão que os homens estabeleceram para esconder os maus sentimentos que nutrem uns pelos outros. (...) MONT. A *civilidade* não é outra coisa senão um comércio continuado de mentiras ingênuas para nos enganarmos mutuamente. (...) CAIL. Seria melhor se contentar com uma *civilidade fria*, que não ofende, do que se tratar com uma *civilidade excessiva*, que atrai os inoportunos. (...) MALEB. A civilidade é frequentemente um desejo de se passar por polido e um medo de ser visto como um homem selvagem e grosseiro.

Mais:

Civilidade significa também Recomendação, cumprimento. *Salutatio, salus. Civilidade* se toma, do mesmo modo, para um livro que ensina as regras da *civilidade*. *Liber ad politam morum elegantiam, scitam urbanitatem erudiens*. Uma *civilidade* francesa.[3]

Não é como uma simples enumeração em um *Dictionarium* que se deve encarar essa sequência de verbetes; a *dictio* assume, para o caso em pauta, uma unidade significante

---

3 *Dictionnaire Universel François et Latin*, 1721.

que nos conduzirá a um repertório aglutinador de uma série de elementos que nos permite afirmar: a palavra *civilização* é uma invenção francesa, não obstante a língua alemã empregar desde a mesma época, num sentido vizinho, o termo *Kultur*. Quando, em 1784, Mendelssohn se pronuncia a respeito da *Kultur*,[4] ela era tida como um vocábulo novo para a língua alemã, ainda não tinha rompido a barra dos livros, portanto, não era propriamente um uso. A influência francesa, que, aliás, não deixou de tocar em especial a inteligência alemã do século XVIII, acabou preponderando na formação do vocábulo. Tanto mais quando há um consenso entre os estudos[5] consagrados à genealogia da palavra "civilização", no tocante ao seu

---

4 "Die Worte *Aufklärung, Kultur, Bildung* sind in unsrer Sprache noch neue Abkömmlinge. Sie gehören vorderhand bloß zur Büchersprache. Der gemeine Haufe verstehet sie kaum. Sollte dieses ein Beweis sein, daß auch die Sache bei uns noch neu sei? Ich glaube nicht. Man sagt von einem gewissen Volke, daß es kein bestimmtes Wort für *Tugend*, keines für *Aberglauben* habe; ob man ihm gleich ein nicht geringes Maß von beiden mit Recht zuschreiben darf." [As palavras *Aufklärung, Kultur* e *Bildung* são, em nossa língua, ainda recém-chegadas. No momento, pertencem apenas à linguagem dos livros. O vulgo quase não as compreende. Isso seria suficiente como prova de que a questão também é nova entre nós? Acredito que não. Dizemos de um povo que ele não possui nenhuma palavra específica quer para *virtude*, quer para *superstição*, embora possamos atribuir-lhes, com justeza, uma quantidade não desprezível de ambas.] Mendelssohn, M., 1989, p.461. Ver também: Fisch, J. Zivilisation, Kultur. In: Brunner, O.; Conze, W.; Koselleck, R., 1992.

5 Benveniste, E., op. cit.; Moras, J., 1930; Binoche, B., 2005; Starobinski, J., 2001.

primeiro[6] registro moderno e sistematizado; segundo eles, o apontamento encontra-se naquele mesmo glossário, reeditado em 1771, associado, dessa feita, ao *L'Ami des Hommes* (1756), de Mirabeau, como exemplar modelo:

> A bon droit les Ministres de la Religion ont-ils le premier rang dans une société bien ordonnée. La Religion est sans contredit le premier et le plus utile frein de l'humanité: c'est le premier ressort de la *civilisation*; elle nous prêche et nous rappelle sans cesse la confraternité, adoucit notre coeur.[7]

Aquela nova edição traz o verbete civilização acrescido:

> Terme de jurisprudence. C'est un acte de justice, un jugement que rend civil un procès criminel. La civilisation se fait en convertissant les informations en enquêtes ou autrement. L'ami des hommes a employé ce mot pour sociabilité. Voyez ce mot. La Religion est sans contredit le premier et le plus utile frein de l'humanité: c'est le premier

---

6 Embora seu *espírito* já estivesse presente anteriormente: "Ceux du Royaume de Mexico estoient aucunement plus *civilisez* et plus artistes que estoient les autres nations de là". Montaigne, M. *Essais* (1588), livro III, cap.VI (Des Coches), 1992, p.892.

7 [Os ministros da religião, de modo justo, ocupam o principal lugar numa sociedade bem ordenada. A religião é, sem dúvida, o primeiro e o mais útil freio da humanidade: é o primeiro apoio da *civilização*; nos exorta e lembra, sem cessar, a confraternidade, adoça nosso coração.] Mirabeau, V. R. Marquês de, 1756-1758, T.I, I, p.136 (grifos nossos). Sobre Mirabeau e a civilização, ver o excelente trabalho de Larrère, C. Mirabeau et les physiocrates. L'origine agrarienne de la civilisation. In: Binoche, B., op. cit., p.84-105.

ressort de la *civilisation*; elle nous prêche et nous rappelle sans cesse la confraternité, adoucit notre coeur.⁸

Os reaparecimentos sucessivos da mesma palavra constituirão menos um neologismo lexical do que um adensamento do termo. Em breve, teríamos um sentido moderno triunfante; em 1795, encontrava-se, em Snetlage, uma definição de civilização mais elaborada:

> Essa palavra, que esteve em uso apenas na prática, para dizer que causa criminal é tornada civil, é empregada para exprimir a ação de civilizar ou a tendência de um povo a polir ou, antes, a corrigir seus costumes e seus usos, produzindo na sociedade civil uma moralidade luminosa, ativa, afetuosa e abundante em boas obras. (Cada cidadão da Europa está hoje empenhado nesse último combate de civilização. Civilização dos costumes.)⁹

Civilizar é, tanto para homens como para objetos, abolir todas as asperezas e as desigualdades grosseiras, apagar toda rudeza, suprimir tudo que poderia dar lugar ao atri-

---

8 [Termo da jurisprudência. É um ato de justiça, um julgamento que torna civil um processo criminal. A civilização faz-se convertendo as informações em inquérito ou de outra maneira. O amigo dos homens empregou esse termo como sociabilidade. Examinem esta afirmação. A religião é, sem dúvida, o primeiro e o mais útil freio da humanidade: é o primeiro apoio da *civilização*; nos exorta e lembra, sem cessar, a confraternidade, adoça nosso coração.] *Dictionnaire Universel François et Latin. Vulgairement Appelé Dictionnaire de Trévoux*, 1771.

9 Snetlage, L. *Nouveau Dictionnaire français contenant de nouvelles créations du peuple français*. Göttingen, 1795, apud Starobinski, J. Loc. cit., p.12.

to, agir de maneira que os contatos sejam deslizantes e suaves: tirar as pequenas partes que lhe tornam áspera a superfície; tornar claro, luzente à força de esfregar – como sugeria o léxico de Trévoux a propósito de uma aproximação mais preciosa entre o ato de polir e o de civilizar. Pouco falta para que, figuradamente, polir se transforme em aclarar, na acepção da filosofia das *Luzes*.[10]

Nos anos seguintes, o sentido corrente da palavra transformou-se num sinônimo do ponto mais alto de uma hierarquia: no mais baixo encontrava-se a selvageria; depois, a barbárie; em seguida, a cividade, a delicadeza; logo, "um sensato policiamento"; e, finalmente, a civilização – o triunfo e o desabrochar da razão, não apenas no domínio constitucional, político e administrativo, mas ainda no domínio moral, religioso e intelectual. O ato de nascimento do termo não é somente um acontecimento linguístico; ele denota o advento à consciência de um conjunto de valores por demais significativos para reivindicar uma nova denominação.

A palavra "civilização" pôde ser adotada mais rapidamente porquanto constituía um vocábulo sintético para um conceito preexistente, formulado anteriormente de maneira múltipla e variada: abrandamento dos costumes, educação dos espíritos, desenvolvimento da polidez, cultura das artes e das ciências, crescimento do comércio e da indústria, aquisição das comodidades materiais e do luxo. Para os indivíduos, os povos, ou mesmo a humanidade inteira, ela designa, em primeiro lugar, o processo

---
10 Starobinski, J. Loc. cit., p.12.

que faz deles *civilizados*, e depois o resultado cumulativo desse processo. À ideia de civilização relaciona-se o fenômeno que inclui todo o conjunto dos homens, a humanidade. Civilização é, portanto, "um conceito unificador".[11] Mas, se em vez da palavra sintética e abstrata, preferirmos, como nos lembra Hazard, uma ilustração viva, espirituosa e mordaz, exemplificando a grande penúria do estado primitivo do mundo, e o triunfo do estado civilizado, encontrá-la-emos muito mais cedo em *O mundano* (1737) de Voltaire. Os nossos pais eram pobres: há algum mérito em ser pobre? A sua vida era frugal e fácil, mais por ignorância do que por virtude. Nossos bons antepassados viviam na inocência: não conheciam nem o meu nem o teu. Como poderiam ter conhecido? Eles não tinham nada! A idade de ouro não passava da idade do ferro. Que nos não fale de Ítaca, demasiado gabada por Fénelon;[12] por nada teríamos concordado em viver lá. Ilusória essa beatitude do casal primevo, sem ciência do bem e do mal:

> Meu caro Adão, meu guloso, meu bom pai / Que fazias nos recantos do Éden? / Engendravas este parvo gênero humano? / Acariciavas Eva, minha mãe? / Confessa que

---

11 Idem, p.14.
12 "Os poetas, quando querem encantar (*charmer*) a imaginação dos homens, conduzem-nos para longe das grandes cidades, e fazem com que esqueçam o luxo deste século; levam-nos à idade de ouro (...). Eu prefiro cem vezes mais a pobre Ítaca de Ulisses que uma cidade reluzente de uma tão odiosa magnificência." Fénelon. Réflexions sur la grammaire, la rhétorique, la poétique et l'histoire ou mémoire sur les travaux de l'Académie Française. (Lettre à l'Académie) In: *Oeuvres* (volume II), 1997, p.1195.

ambos tínheis / Unhas um tanto compridas, sujas e negras? / Os cabelos deveras mal arrumados, / A tez escura, a pele seca, curtida. / Sem limpeza, o mais feliz amor / Não é amor, é necessidade vergonhosa. / Fartos em breve de tão bela aventura, / Sob um castanheiro ceiam galantemente / Com água, milho e bolotas;/ Finda a refeição, dormem na pedra dura: / Eis o estado de natureza pura.[13]

Longe da solidão idílica, fruímos dos produtos que o mundo inteiro nos remete; as belas-artes disputam entre si a atenção dos olhos; passeamos em belos jardins; a limpeza, o gosto e os ornamentos nos aprazem; habitamos belas casas; são nossos os banhos perfumados, as mesas elegantemente servidas, os pratos refinados e saborosos, o champanhe, as ceias íntimas. Pede Voltaire o reconhecimento não tartufo de tudo isso e que cada um de nós possa atestar: "Do Paraíso encontramos o lugar: / O paraíso terrestre encontra-se onde eu estou."[14] O *mundo* abriga a vida dos costumes e, nele vivendo, o homem não possui mais simplesmente o código regulador das violências extremas. O controle do cotidiano, cujas violências possuem uma natureza mais localizada, pede, no mundo cortês, outros programas e, com eles, outros perfis.

A vida civilizada

Pensar a vida civilizada é pensar as suas regras. Desde a Renascença, encontramos os grandes tratados cujo ob-

---

13 Voltaire, 1995, p.204.
14 Idem, p.206.

jetivo era ditar as regras que deveriam ser seguidas pelos homens para se fazerem representativos e queridos na vida em comum. Com efeito, a disciplina e o refinamento não são elementos trazidos geneticamente pelas pessoas sequiosas da convivência na corte ou na sociedade bem posta. Esses elementos são fruto de uma longa e bem cuidada aprendizagem: se bem aplicadas, as regras podem disciplinar qualquer aspecto da vida. Justamente após o Renascimento, a compreensão da vida e da relação do indivíduo com esta se modifica, e uma consequência imediata se instala, a saber, o todo, que engloba vida e mundo, faz desviar os olhos da perfeição das normas divinas para as leis que governam a realidade da natureza e do homem, que é por ela envolvido e dela faz parte. E, para que a vida possa ter continuidade após uma revolução política, social, moral e intelectual – e uma revolução propriamente dita comporta necessariamente todos esses fatores –, é indispensável que se encontrem outras regras que lhe proporcionem uma nova ordem assente. Foram essas novas regras que determinaram a ordem e o equilíbrio na vida emergente após aquela intensa mudança histórica: "Quanto mais profundos são os choques históricos, tanto mais se faz necessário o surgimento de novas regras para dar uma nova estabilidade e uma nova base à vida."[15]

Pode-se argumentar, contudo, que o preceito é, por excelência, o regulador da convivência desde a formação da sociedade. Todas as épocas requisitaram suas regras. Mas essa reivindicação assume particularidades, singula-

---

15 Distante, C. Apresentação. In: Della Casa, G., 1999, p.IX.

ridades que acabam por definir o jogo da convivência. Por que o homem moderno precisa de regras? O homem civilizado deve amar as regras em sociedade para ser benquisto pelos outros. Para isso, basta não ir contra os costumes praticados no lugar onde vive e fugir das posições contrastantes às dos demais para não os ofender. A obediência a esse princípio pede que os comportamentos passem a ser medrados por meio de um exame do que aborrece ou não, pelo modo de comer, beber, falar, vestir-se, caminhar, sentar-se etc. Nesse sentido, dois pontos devem ser norteadores: primo, tudo o que não se faz de modo comedido e equilibrado sempre aborrece, ao passo que todo exagero, ainda que mínimo, é sempre nocivo à boa aceitação de um indivíduo na sociedade. Secundo, é necessário à pessoa que não queira desagradar aos demais conformar-se perfeitamente aos costumes da sociedade onde vive ou com a qual tem contato. Portanto, para não ferir a sensibilidade do interlocutor, uma pessoa deve ser dotada de equilíbrio, temperança, capacidade de adaptação e moderação e deve evitar sempre tentar prevalecer a própria opinião em qualquer que seja o assunto: "Deves saber ordenar os teus modos [lembra Della Casa] não segundo o seu arbítrio, mas segundo o prazer daqueles com quem tratas, e a ele dirigi-los."[16] Mas este não é um gesto a esmo, exige ser feito prudentemente, pois quem se deleita demasiado em secundar o prazer alheio na conversação ou no trato parece antes bobo, ou mesmo adulador. O homem gentil não pode ser sinônimo de

---

16 Idem, p.6.

gárrulo. Desde que nossas maneiras sejam deleitáveis ao cuidarmos do bem-estar alheio e não do nosso, se investigarmos quais as coisas que geralmente aprazem a maioria dos homens e quais os aborrecem, poderemos facilmente encontrar os modos a serem evitados ou eleitos no seu convívio.

Cavalheiros e damas não devem pensar no seu prazer, mas no dos outros, ou seja, é preciso não enfadar os demais, disciplinando os costumes que convém seguir na vida cotidiana, sob pena de serem considerados desagradáveis e, em consequência, expulsos do convívio. Esse processo disciplinar, educativo, baseia-se na razão. Calculam-se gestos e atitudes que estruturam inteiramente a vida da companhia, desde o que diz respeito à higiene até o apresentar-se em público, passando pelas relações entre certos temperamentos difíceis ou desagradáveis e as disposições sensíveis e afetivas predominantes no grupo, ou ainda pelas formas cerimoniosas adotadas ou recusadas dentro dele. Na verdade, o grupo

> fornece como regra de ação não apenas a eficácia do fim, mas a graça e a elegância dos meios disponíveis. As eleições dos modos particulares a adotar ou corrigir demandam aquilo que tem medida, vale dizer, o que resulta de uma escolha ao mesmo tempo prudente e engenhosa.[17]

A sociedade civilizada passa a trabalhar com as virtudes não mais como um ideal de distinção filosófica, como nos

---

17 Pécora, A. Razão e prazer da civilidade. Prefácio. In: Della Casa, G., op. cit., p.XXV.

antigos,[18] ou como a marca de um espírito vigilante e equânime.[19] As virtudes, como agora começam a ser entendidas pela modernidade, são o conveniente para ser educado, agradável, são as boas maneiras ao comunicar e tratar com as gentes.[20] Elas representam uma espécie de moeda de troca que permite o acesso ao prestígio, à aceitação e à inserção; para tanto, devem-se dissociar moral e costumes. É suficiente para considerar louvável uma virtude apenas a valorização da forma das coisas e das palavras, e não a sua essência:

> E embora ser liberal, constante ou magnânimo seja por si, sem dúvida alguma, coisa maior e mais louvável do que ser gentil e educado, talvez a docilidade dos costumes e a conveniência dos modos, das maneiras e das palavras não

---

18 As diferentes qualidades a que chamamos virtudes, a exemplo da prudência, da piedade, da justiça e da valentia, são tão somente partes de uma virtude, isto é, de uma virtude geral. Essa virtude total é o Bem, e a sua essência é por si mesma um saber. Cf. Platão. *Menon*, 85, D 4; a virtude é, por conseguinte, a arte da boa medida. Ela se apresenta como o princípio salvador da vida humana, por ser capaz de neutralizar os efeitos da aparência – a ilusão que consiste em inverter as relações das coisas. Platão. *Protágoras*, 356 e 357b.

19 O que confere à alma sua perfeição e a torna boa é a virtude. Nela, encontra a alma fortaleza: "Quid? animus iustus mensque ius proprium imperiumque custodiens num potest aliam mentem pari aequitate ac virtute regnantem ex arce deicere atque libidini subiugare?" Agostinho. De Libero Arbitrio (Liber I, 73). In: *Opera Omnia* (Patrologiae Latinae), 1865. Sobre o tema, consultar Gilson, E., 1949.

20 Della Casa, G., op.cit., p.4.

tragam menos vantagem aos que as possuem do que a grandeza de ânimo e a confiança em si aos que possuem estas.[21]

A ponderação de Della Casa é justificada a partir da cotidianidade, do uso imediato das virtudes. Com efeito, a nobreza está não no cultivo de uma vida virtuosa abstrata, concebida da condição estranha ao simplesmente humano, mas no traquejo da lida em comum, no ajuste das virtudes às exigências da aliança. Não há como resistir ao poder do todo, não há como lhe impor convicções intelectuais cuja força está nelas mesmas. A arte da oportunidade e da docilidade convém que seja exercitada todos os dias muitas vezes, sendo necessário a cada um tratar com os outros homens todos os dias, e todos os dias conversar com eles. No entanto, "a justiça, a fortaleza e outras virtudes mais edificantes e nobres são colocadas em ação mais raramente".[22] Essa distância das virtudes cardeais em relação ao coloquial garante-lhes uma força apenas virtual e fraca: elas são vistas como emblemas; nobres, é verdade, mas apenas emblemas, cuja eficácia é altamente improvável. Diferente é o traquejo social. Ele se associa ao encontro diário e à regulamentação da vida em comum, o que lhe confere uma larga vantagem em relação às virtudes nobres:

> Eu poderia [diz Della Casa] nomear muitos que, sendo por um lado de pouca estima, foram e são bastante prezados em razão apenas de seu modo agradável e gracioso, pelo

---

21 Idem, ibidem.
22 Idem, ibidem.

qual, ajudados e favorecidos, atingiram altíssimas posições, deixando muito atrás os que eram dotados daquelas virtudes mais nobres e mais ilustres.[23]

O sucesso na vida em sociedade adquire um valor que isola os motes de consciência: é preciso agradar os próximos, não como dita a consciência moral, porém como ordena a regra social. Os modos agradáveis e gentis têm força para provocar a benevolência daqueles com os quais convivemos. Os modos rudes, ao contrário, provocam nos outros ódio e desprezo por seus portadores. Nesse sentido, conquanto nenhuma pena tenha ordenado as leis para os costumes desagradáveis e rudes, não obstante a própria natureza nos castiga com dura posição, privando-nos por essa razão da companhia e da benevolência dos homens. Com medo desse repúdio, todos são obrigados ao disfarce.

Instala-se o culto à aparência, ou melhor, consolida-se a engenhosa construção de uma técnica, de um cálculo prudente de viver em sociedade, nos quais se misturam virtudes, habilidades sutis nos negócios e a sabedoria dos silêncios oportunos.[24] A razão estará a serviço da aparência, o que permitirá legitimidade a expressões como, por exemplo, *dissimulação honesta*. Se o mundo toma a forma de

---

23 Idem, p.5.
24 Sobre essa sabedoria, assim se pronunciava, em 1771, o abade Dinouart: "Que vosso rosto fale (...) por vossa língua. O sábio possui um silêncio expressivo, que se torna uma lição para os imprudentes e um castigo para os culpados. Há momentos e pessoas a quem o *silêncio de desprezo* convém; este vos é frequentemente necessário". Dinouart, Abade, 1771, p.52.

um campo de batalha no qual se trava uma luta silente e elegante entre homens dissimulados, o triunfo sem reservas pertence àquele que melhor souber empregar a "arte de parecer", ou seja, a vitória é do homem discreto, capaz de emprestar um segundo ser às coisas. As virtudes morais são substituídas por virtudes intelectuais associadas à prática de técnicas teatrais:[25] o espírito toma vida a partir da forma, e a luta nada mais é do que um jogo feroz e inclemente. Nessa arena, as delimitações e separações são fundamentais. Portanto, *dissimular* não é o mesmo que *simular*: *dissimulatio (rei praesentis) — eius quod revera adest, negata praesentia* (aquilo que realmente está junto, negada a presença); *simulatio (rei absentis) — eius quod revera non adest, praetexta praesentia* (aquilo que realmente não está junto, apresentado como presente). Por isso, é possível opor, como faz Torquato Accetto,[26] ostentação ou simulação (que finge não ter ser) à dissimulação honesta (que esconde o ser que tem deveras). No caso declaradamente positivo da dissimulação, o conceito deve entender-se como um método para a pessoa se construir ou construir-se segundo um modelo, o que se supõe desfavorável à impostura, pois está vinculado a um ideal honesto de domínio, composição e apresentação de si. Representa, nesse sentido, o mesmo que a discrição, cujo principal emprego está em ser o que se quer parecer, e cujo empenho de indústria e cálculo deve ser entendido como "esclarecimento da virtude" e flexibilidade para acomodar-se à

---

25 Ver Rousset, J., 1954.
26 Accetto, T., 2001.

ocasião e aos humores variáveis de cada um. Essa mesma flexibilidade possibilita à dissimulação constituir-se também como uma poderosa "arte de agradar", não necessariamente oposta ao efeito de naturalidade ou de não afetação.[27] A arte da dissimulação, entendida como uma técnica básica de ocultar o que deve ser ocultado, é sempre honesta quando tem em vista a efetivação de determinada finalidade moral. Essa ideia será discutida e, em alguns casos, reavaliada pela Filosofia moderna.

Pode-se dizer que uma das ideias básicas em boa parte dos filósofos do período, a despeito das diferenças entre eles, não raro expressivas, é a seguinte: o homem é parte da natureza. Há uma natureza humana tão invariável quanto as leis regentes da natureza. Estas podem ser diferentes, mas existem. Os costumes, os estilos e os gostos podem variar, mas as mesmas paixões que movem os homens em toda a parte, em todas as épocas, provocam o mesmo tipo de comportamento. "Apenas o constante, o geral, o universal é real; portanto, só ele é verdadeiramente humano."[28] Só é verdadeiro aquilo que qualquer observador racional, em qualquer época, em qualquer lugar, pode, em princípio, descobrir. Com isso, o mundo torna-se uma totalidade única e inteligível. Ele consiste de certos ingredientes estáveis, materiais e espirituais; se não são estáveis, não são reais. Todos os homens possuem em comum certas características imutáveis, que formam a natureza

---

27 Ver Rousset, J., op. cit., e Pécora, A. O livro do prudente secretário. Apresentação. In: Accetto, T., op.cit.
28 Berlin, I., 1991, p.69.

humana. E embora existam diferenças óbvias entre indivíduos e nações, as similaridades entre eles são mais extensas e importantes. Dos aspectos comuns, o mais destacado é a posse de uma faculdade denominada "razão", que capacita quem a possui a perceber a verdade, tanto teórica como prática. Assim sendo, acredita-se que a verdade seja igualmente visível para todas as mentes racionais de todas as partes. Essa natureza comum torna não apenas necessário, mas também razoável, que os seres humanos tentem se comunicar uns com os outros, bem como se persuadir mutuamente da verdade daquilo em que acreditam. O *locus* privilegiado dessa *comunicação* é a sociedade.

Sociedade civilizada e perfectibilidade

Inicialmente, há um fato natural, que é a sociabilidade:

> *Sociabilitas, socialitas.* A natureza do homem dá a conhecer que temos deveres para com Deus, para conosco mesmo e para com os outros homens, deveres que formam o que chamamos religião, amor por si e *sociabilidade*. BURLAMAQUI. A *sociabilidade* liga todos os indivíduos da espécie humana. Ela forma as famílias, os estados, os impérios, e a riqueza nasce do pacto entre os homens sociáveis. (...) Do princípio da *sociabilidade* decorrem, como também de sua força, todas as leis da sociedade e todos os deveres, gerais e particulares, para com os outros homens.[29]

---

29 *Dictionnaire Universel François et Latin*. Também chamado de *Dictionnaire de Trévoux*, 1771.

Por natureza, os homens tendem uns para os outros; a sociedade não poderia nem subsistir, nem produzir os seus efeitos sem esse sentimento profundo e inesgotável. O que para a modernidade merece atenção é o acréscimo que se faz à natureza, é essa sobreposição que marca ao mesmo tempo uma ascendência e uma diferença: há uma convergência natural para a sociedade, mas há, também, um *traço* que não é exclusivamente natural, que se impõe pelo cálculo e pela escolha humanos. Os homens são *sociáveis*. "*Sociável*: se diz também daquele que ama a companhia e com a qual se agrada em viver, quem é naturalmente doce e disposto a viver em companhia. *Sociabilis*. Existem pessoas doces e *sociáveis*."[30] O amor da companhia, a docilidade e o agrado dão a marca ao passo civilizado da sociedade. Para o pensador moderno, essa sociedade, para estabelecer melhor o elo entre os humanos, ressaltando sua natureza, precisa vir acrescida do adjetivo *civilizada*. Propriamente, a *sociedade civilizada* é uma invenção moderna. A Filosofia descobre a dimensão horizontal da realidade humana: trata-se da compreensão do espaço e do tempo compartilhados num mundo que só conta com o próprio homem para adquirir significado.

Sem dúvida, essa sociedade adquire um novo estado espiritual. O progresso da consciência se desdobra numa consciência do progresso e não mais numa simples ruptura com o passado. Como o homem avança rumo a um futuro sempre mais radioso, cada geração trará a sua contribuição ao edifício da *civilização*. Aqui nasce o paralelo estrutural

---

30 Idem, ibidem.

entre natureza – inata – e cultura – adquirida: "Os fenômenos da Natureza", diz Turgot,

> submissos a leis constantes, estão encerrados num círculo de revoluções sempre iguais, repetidas e perecíveis; nessas gerações sucessivas pelas quais os vegetais e os animais se reproduzem, o tempo faz somente reconduzir a cada instante a imagem daquilo que o fez desaparecer. (...) E a massa total do gênero humano marcha sempre, ainda que a passos lentos, em direção a um aperfeiçoamento sempre maior.[31]

Essa regularidade limitativa da Natureza permite, entretanto, que os homens acompanhem-na e, assim, consigam importar os parâmetros daquela ação regular e suas leis para a interpretação do que se passa fora dela, ou seja, daquilo que se estende no lento caminhar dos humanos rumo ao "sempre melhor".

Se o homem, diz Condorcet, pode predizer com segurança quase integral os fenômenos dos quais conhece as leis; se, mesmo quando estas lhe são desconhecidas, ele pode, com base na experiência do passado, prever com uma grande probabilidade os acontecimentos do futuro, por que se veria como um empreendimento quimérico aquele de traçar, com alguma verossimilhança, o quadro dos destinos futuros da espécie humana, com base nos resultados de sua história? O único fundamento de crença nas ciências naturais é a ideia segundo a qual as leis gerais, conhecidas ou ignoradas, que regram os fenômenos do

---

31 Turgot. Tableau philosophique des progrès successifs de l'esprit humain, apud Laurent, B., 1996, p.54.

universo, são necessárias e constantes. E por quais razões esse princípio seria menos verdadeiro para o desenvolvimento das faculdades intelectuais e morais do homem do que para as outras operações da natureza? Enfim, já que as opiniões formadas a partir da experiência do passado sobre objetos da mesma ordem são a única regra da conduta dos homens os mais sábios, por que se proibiria ao filósofo apoiar suas conjecturas nessa mesma base, desde que ele não lhes atribua uma certeza superior àquela que pode nascer do número, da constância, da exatidão das observações?[32] A natureza, admitida como diversidade no espaço, poderá ser agora, também, fundamento da diversidade no tempo. A projeção cronológica da ordem biológica é correlata à mobilização histórica da humanidade num esquema de progresso. A marcha temporal dos povos e das civilizações parece um fato inegável que assegura a esperança de um futuro superior ao presente. Se a cultura se movimenta para o futuro é porque a natureza também o pode. Rica em possibilidades que não se desenvolvem todas de uma só vez, a natureza também se exprime cronologicamente. A cadeia dos seres não caracteriza uma estrutura vertical e fixa eternamente. Ela corresponde a um ordenamento temporal de formas vivas sucessivas. Justifica-se, então, a natureza e a História associarem-se na explicação do progresso do homem – único denominador que unirá daqui para frente essas duas instâncias.

Uma investigação acerca do comportamento dos homens encontra um aspecto que lhe garante uma coerência

---

32 Cf. Condorcet, 1993.

na diversidade das condutas no tempo e no espaço: esses homens são passíveis de se *civilizar*. Inicialmente, é preciso dizer que essa capacidade esta ligada à ideia de que qualquer ideal, estabelecido daqui para frente, precisaria estar bem determinado, ou como uma herança do passado, ou como uma esperança. Optando-se pelo segundo aspecto, tem-se, em vez da procura da *idade de ouro* — que não podemos ressuscitar —, uma espera voltada para o fim de nossa estrada. E aqui intervém a *ideia de progresso*. Civilizar-se é pensar os diversos progressos da humanidade e, paulatinamente, incorporá-los: a ciência desenvolvia-se incontestavelmente e propunha um novo tipo de conhecimento; não menos certo era o progresso material; o progresso social se elaborava; mais recente era o progresso político; podia-se mesmo falar num progresso religioso. Todos esses progressos levam ao pensamento ilustrado e à seguinte conclusão: "a certeza de que o presente era mais esclarecido que as épocas anteriores deveria apressar a nossa marcha. (...) Tudo atua por degraus, até mesmo o cristianismo, até mesmo a revelação. O progresso é a lei do mundo das almas".[33] Irradiando, enfim, sobre todas as manifestações do pensamento, a "razão empírica" agia. Não era inata: formava-se, fortalecia-se, aperfeiçoava-se, de algum modo, a si própria. Lessing, por exemplo, dava uma decisiva contribuição para a ideia de progresso ao transferir para a história da espécie a marcha evolutiva dos indivíduos, interpretando como um lento devir a respectiva educação:

---

33 Hazard, P., op. cit., p.363.

Toda educação tem um alvo para o gênero humano, assim como para o indivíduo! Quando se educa alguém, é para nele formar alguma coisa. (...) E virá certamente aquela era de perfeição na qual o homem, à medida que seu espírito se convença mais da aproximação de um futuro sempre melhor, não terá, no entanto, mais necessidade de perguntar a esse futuro os móveis de sua ação.[34]

Todas essas constatações reunidas conduziam à convicção de que se valia mais do que os antepassados. Haveria melhores costumes que outrora, mais urbanidade, mais luzes, mais humanidade. A consciência do fato de que o homem é chamado a viver numa estrutura cuja marca é a civilidade pressupõe um julgamento favorável concernente ao estado presente das coisas, excelente em relação ao estado anterior. A certeza dessa vantagem afirma o triunfo do estado civilizado.

Mesmo sendo o *locus* do agrado, do luxo, da elegância e do gosto, a vida civilizada não se esgota no feitio do trato e da aparência. Ela representa a vitória do parâmetro racional na regulamentação da convivência, e a palavra "civilização", que designa um processo, sobrevém na história das ideias ao mesmo tempo que a acepção moderna de *progresso*, observa-nos Starobinski. "Civilização" e "progresso" passam a ser termos destinados a manter as mais estreitas relações. Contudo, esses termos, embora possam ser empregados de maneira global e vaga, não tardam a exigir uma reflexão genética,[35]

---

34 Lessing, G. E. *Die Erziehung des Menschengeschlechts* (§§ 82 e 85). In: *Sämtliche Schriften* (Band XIII), 1897.
35 Starobinski, J., op. cit., p.15.

preocupada em distinguir os momentos sucessivos: importa determinar com precisão as etapas do processo civilizatório, os estágios dos progressos das sociedades. A história, a reflexão do historiador, conjecturais ou empíricas, põem mãos à obra para chegar a um *quadro dos progressos do espírito humano*, a uma representação da marcha da civilização por meio de diversos estágios de aperfeiçoamento sucessivos. Esse quadro, portanto, é histórico, pois, sujeito a perpétuas variações, ele se forma pela observação consecutiva das sociedades humanas nas diferentes épocas que percorreram. Ele deve apresentar a ordem dessas mudanças, expor a influência que cada instante exerce naquele que o substitui e mostrar, assim, nas modificações que a espécie humana recebeu, renovando-a sem cessar no meio da imensidão dos séculos, a marcha que ela seguiu, os passos que ela deu em direção à verdade ou à felicidade. Os resultados que ele apresenta conduzirão, em seguida, aos meios de assegurar e acelerar os novos progressos que sua natureza ainda lhe permite esperar.

Sob esse prisma, o homem não pode ser considerado senão como espécie, ou seja, tomado em seu conjunto. Esse *todo* passa, então, a ser concebido como um objeto de investigação. Por meio dela, podemos

> mostrar pelos fatos, assim como pelo raciocínio, que a natureza não indicou nenhum termo ao aperfeiçoamento das faculdades humanas; que a perfectibilidade do homem é realmente indefinida: que os progressos dessa perfectibilidade, doravante independentes da vontade daqueles que desejariam detê-los, não têm outros termos senão a duração

do globo onde a natureza nos lançou. Sem dúvida, esses progressos poderão seguir uma marcha mais ou menos rápida, mas ela deve ser contínua e nunca retrógrada, enquanto a Terra ocupar o mesmo lugar no sistema do universo, e enquanto as leis gerais deste sistema não produzirem nem uma desordem geral, nem mudanças que não permitiriam mais à espécie humana conservar aqui as mesmas faculdades, desdobrá-las, encontrar os mesmos recursos.[36]

A mesma fórmula é ainda repetida por Condorcet em outra passagem:

> O gênero humano não mais voltará a ver as oscilações entre a obscuridade e a luz, às quais acreditamos longo tempo que a natureza nos havia eternamente condenado. Não está mais no poder humano apagar a chama acendida pelo gênio. (...) Instalados nesta época feliz, e testemunhas dos últimos esforços da ignorância e do erro, nós vimos a razão triunfar neste tão longo e penoso combate. Assim, podemos, enfim, escrever: a verdade venceu; o gênero humano está salvo! Cada século acrescentará novas luzes (*lumières*) àquelas do século precedente; e estes progressos, que nada doravante pode deter ou interromper, não terão outros limites exceto aqueles da duração do universo.[37]

O manifesto otimismo de Condorcet está baseado no princípio segundo o qual as *oscilações* não terão mais lugar porque serão suplantadas pela razão: é um *dever* para cada geração educar a outra. Na mesma direção de Condorcet,

---
36 Condorcet, op. cit., p.20.
37 Condorcet, 1986, p.182.

escreve d'Alembert: "Parece que, depois de aproximadamente trezentos anos, a natureza tem destinado o centro de cada século a ser a época de uma revolução no espírito humano".[38] A história, doravante, isto é, após o *éclat des Lumières*, segue a regularidade na operação das mudanças no espírito humano.

O núcleo dessa ideia certamente reside no conceito aglutinador de civilização. Da barbárie original à condição presente do homem em sociedade, descobria-se uma gradação universal, um lento processo de educação e de depuração, em suma, um progresso constante na ordem do que a civilidade, termo estático, já não bastava para exprimir e que era preciso chamar "civilização" para defini-lhe simultaneamente o sentido e a continuidade. Não era apenas uma visão histórica da sociedade; era também uma interpretação otimista e decididamente não teológica de sua evolução que se afirmava, por vezes mesmo à revelia daqueles que a proclamavam. O fato é que, ao chamar a civilização de processo fundamental da história, e ao designar, com a mesma palavra, o estado final resultante desse processo, cria-se a oposição em relação a um estado designado como bárbaro. "Isso incita o espírito a imaginar os caminhos, as causas, os mecanismos do percurso efetuado ao longo das eras."[39] Ao lado dos fatos materiais, visíveis, como as batalhas, as guerras, os atos oficiais do governo, há os fatos morais, espirituais que não são tão evidentes, mas nem por isso menos importantes.

---

38 D'Alembert, 1986, p.9.
39 Starobinski, op. cit., p.16.

O que costumamos chamar a porção filosófica da História, os nexos entre os acontecimentos, o liame que os une, suas causas e seus resultados, são fatos, é a História, tal como as descrições de batalhas e de acontecimentos visíveis. Os fatos daquele gênero, sem dúvida, são mais difíceis de decifrar; e nisso nos equivocamos frequentemente; é penoso animá-los, apresentá-los sob formas claras, vivas; mas essa dificuldade não muda em nada sua natureza; por causa dessas características eles não fazem menos parte da História. A civilização (...) é um desses fatos: fato geral, encoberto, complexo, muito difícil (...) de descrever, de narrar, mas que não é menos evidente por causa disso, nem possui menos direito a ser descrito e narrado. Podemos levantar, sobre esse fato, grande número de motes; podemos perguntar, por exemplo, se ele foi um bem ou um mal. (...) Podemos investigar se se trata de um fato universal, se existe uma civilização universal do gênero humano, uma destinação da humanidade, se os povos transmitiram uns aos outros durante séculos alguma coisa que não foi perdida, que deve se acrescentar, estender-se como um acúmulo e chegar, assim, até o fim dos séculos. De minha parte, estou convencido [diz Guizot] que existe, com efeito, uma destinação geral da humanidade, uma transmissão do acúmulo civilizatório e, por conseguinte, uma história universal da civilização a ser escrita.[40]

A civilização funda uma ordem na qual a verdade é capaz de integrar todos os aspectos contraditórios dos fenômenos humanos. O testemunho da diversidade e da

---

40 Guizot, F., 1828.

relatividade dos seres humanos e suas instituições não suscita um puro ceticismo entre os modernos. A ideia de civilização, princípio da Filosofia da História, implica uma norma de classificação e de ordenamento; o caminho da humanidade não é uma via sem saída, mas uma progressão, em favor da qual o estado atual do mundo europeu dá testemunho irrefutável.

O revés da civilização: o luxo

A modernidade não se caracteriza somente pelo otimismo, mas também pelo apreço do paradoxo, e, com ele, a incômoda e inevitável questão: é a civilização realmente um processo ininterrupto, com o qual a humanidade estaria comprometida? Ou poder-se-ia pensar a civilização como um artifício frágil, pois não se trata do estado natural dos homens? Em meio aos homens civilizados, encontramos ainda a escravidão, a tirania e a ignorância. Do que devemos concluir que a civilização não constitui uma unanimidade intransponível e incriticável, como nos dá prova o próprio Marquês de Mirabeau:

> Espanta-me o quanto de falsas investigações nos chegam a esse respeito e, sobre todos os pontos, seguras estão em nos querer instruir acerca do que seja a *civilização*. Se eu perguntasse à maioria em que consiste, para vós, a civilização, eles responder-me-iam: "a civilização é o abrandamento dos costumes, a urbanidade, a polidez, e os conhecimentos propagados de maneira que ali a conveniência seja observada e tenham lugar as leis do detalhe"; tudo isso só me apresenta

a máscara da virtude e não a sua face, e a civilização não contribuirá em nada com a sociedade se a ela não der o caráter e a forma da virtude.[41]

O esforço em levar o indivíduo a observar espontaneamente as regras da conveniência não eliminou o indireto, a máscara da virtude; aliás, o fundo e a forma da excelência moral, realçados pelo Marquês, distanciam-se da sociedade cada vez que impera a aparência, porque a correção ver-se-ia enfraquecida se fosse redutível ao engodo. Assim, na confusão entre civilidade e aparência, um dos aspectos integrantes do estado civil passa a ser o luxo – elemento criticado vivamente pelos espíritos cultos, mas também apoiado por muitos. Acreditamos que a análise deste elemento pode ser interessante para entendermos não só a crítica desferida à civilização por uma *filosofia do paradoxo*,[42] como, de igual modo, para alcançar uma filosofia que foca a civilização como uma aquisição inalienável. Tentaremos mostrar, então, em grandes linhas, em que consiste o luxo como elemento do debate moderno.[43]

J. B. Say procura explicar a atmosfera que rodeia as cortes. Ele diz que é nelas que se realiza, em vastas dimensões, o mais rápido dos consumos, o dos serviços pessoais, consumidos ao serem produzidos. Sob essa denominação, é preciso compreender o serviço dos militares, dos cria-

---

41 Mirabeau, V. R. Marquês de. *L'ami des femmes ou traité de la civilisation* (vers 1768), p.3, apud Benveniste, E., op. cit., p.339.
42 A expressão inspira-se em Gusdorf. Ver Gusdorf, G., 1971, p.307.
43 Sobre o luxo, ver Rétat, P., 1994.

dos, dos funcionários úteis ou inúteis, dos funcionários da administração, da justiça dos eclesiásticos, magistrados, atores, músicos, bufões da sociedade... Os próprios produtos materiais parecem mais expostos à destruição do que em outros ambientes. As iguarias finas, as fazendas magníficas, as obras de moda vêm, à porfia, mergulhar nas cortes; nada, ou quase nada, sai delas.[44] E, no entanto, *o supérfluo é coisa muito necessária*.[45] A verdade é que o século XVIII assume o supérfluo e cria uma justificativa filosófica para ele. O homem moderno está consciente de que o produto da riqueza corrompia os costumes; que a corrupção dos costumes causava a ruína dos impérios; mas não era menos verdade que esse produto do gosto embelezava os dias; e que o homem, sem as alegrias da beleza, era o mais desgraçado e triste dos animais. Tudo se passa como se, agora, essa fosse uma marca distintiva do mundano, como lembra os versos de Voltaire: "Eu amo o luxo, e mesmo a preguiça, / Todos os prazeres, as artes de toda espécie / A limpeza, o gosto, os ornamentos: / Todo homem honesto é possuidor de tais sentimentos".[46] Aquele que renega o apreço pelos prazeres não diz, de todo, a verdade. A civilização criou novas necessidades e, com elas, novos prazeres aos quais não se pode resistir, mesmo deles não usufruindo diretamente, pois "neste mundo, tudo serve ao luxo e aos prazeres".[47] Sem dúvida, o luxo marca uma linha divisória entre os que possuem e aqueles

---

44 Ver Say, J.-B., 1953; Starobinski, J., 1994, p.25.
45 Voltaire, op.cit., p.203.
46 Idem, ibidem.
47 Idem, ibidem.

que querem possuir. As diferenças não apagam o desejo contínuo de se aproximar daquela fronteira: "Este esplendor, esta pompa mundana, / De um reino feliz é a marca evidente. / O rico nasceu para muito gastar; / O pobre foi feito para muito poupar".[48] Outra aprovação do luxo vem da Escócia, mais exatamente de Hume. Para ele, o gênio do século se espalha alcançando as artes e os espíritos dos homens, uma vez saídos da letargia e postos em ebulição. Há uma relação proporcional entre homens e artes (entenda-se, engenho, criação, costumes): aqueles se tornam mais sociáveis à medida que estas se aperfeiçoam. Por conseguinte, são inevitáveis as delicadezas nas necessidades, os prazeres da vida e, com isso, o luxo, que o filósofo evoca tendo por base a História e a Economia:

> Os séculos de luxo e de delicadeza são os mais felizes e virtuosos. (...) A sociedade se beneficia do crescimento da consumação de toda espécie e das mercadorias que contribuem para o prazer e a comodidade da vida. (...) Em todas as nações, ao contrário, onde o estrito necessário é o suficiente, e nas quais os sujeitos não possuem o desejo do supérfluo, os homens vivem na indolência, não tomam parte nos prazeres da vida e são inúteis ao público, que não pode tirar nenhum apoio, para manter suas frotas e exércitos, de sujeitos preguiçosos e indolentes.[49]

O luxo existe desde que o estado de civilização permitiu uma nítida distinção entre as categorias sociais e os

---
48 Voltaire, 1995, p.208.
49 Hume, D., 1752.

níveis de vida. Não haveria o luxo numa sociedade igualitária, na qual os recursos permitissem apenas a garantia da subsistência de todos e de cada um. O luxo começa com a existência de um excedente dos recursos disponíveis, reservado ao uso de uma parte do grupo social. Trata-se de uma mostra normal da riqueza que ninguém ousa questionar porque parece também natural a hierarquia entre os homens, que consagra a existência de uma minoria de privilegiados em meio a uma massa exposta à miséria. A hierarquia das condições corresponde a uma hierarquia dos recursos: o contraste entre a pobreza e a superabundância corresponde a uma escala de valores pessoais, conforme as vontades divinas, instrutivas e conservadoras da ordem estabelecida. Todos admitem o luxo abençoado que materializa Deus nos tesouros das igrejas e nos ornamentos litúrgicos destinados ao fausto do serviço divino.[50] Paralelamente, os reis e os grandes senhores têm por função expor aos olhos do vulgo uma magnificência à qual estão predestinados pela vontade divina. Graças a festas de toda espécie, paradas, procissões, torneios, celebrações religiosas ou profanas, os pobres deste mundo ascendem, como personagem interposto, a uma participação nos esplendores dos quais se beneficia uma elite distinta.

Cada um sabe, ou pressente, que não existem suficientemente no mercado sedas, brocados, tapeçarias, joias, para que todo indivíduo possa reivindicar sua parte. O luxo,

---

50 Cf. Gusdorf, G., 1971, p.445.

marca de transcendência, impõe o respeito antes mesmo de a ele remeter-se; ele suscita esta forma particular de admiração que se dirige ao maravilhoso. (...) A vida social requisita, de vez em quando, tais *mises en scène* nas quais se exalta o sentido de comunidade.[51]

O traço indispensável da civilização passa a ser a *mise en scène* cujo carro-chefe é o fausto, e a crítica do luxo é também a crítica da civilização. O luxo, "esse mal quase incurável", segundo Fénelon, arrasta consigo um excesso que lança o homem num estado violento e na tentação de desprezar as leis para adquirir certo bem: "Assim como uma autoridade demasiada envenena os reis, o luxo envenena toda uma nação".[52] Se o luxo insolente dos *nouveaux riches* pode suscitar o ciúme dos menos aquinhoados, o luxo carismático dos possuidores de um direito divino pode, ele também, tornar-se motivo de escândalo aos olhos de uma consciência cristã esclarecida. A crítica ao luxo encontra-se melhor formulada, quanto a este último aspecto, em Fénelon[53] e, quanto ao primeiro, em Rousseau.

Um aspecto importante da crítica rousseauniana à sua época diz respeito à ostentação e ao luxo, os quais, no seu entender, são associados rigorosamente às ciências e às artes. Rousseau os repudia de maneira explícita, considerando-os um dos maiores males da civilização:

---

51 Idem, ibidem.
52 Fénelon. *Les aventures de Télémaque* (1699) (livros XIV e XVII). In: *Oeuvres* (v.II), 1997, p.245, 291.
53 Ver, por exemplo, Fénelon. *Sermon pour la fête de l'épiphanie sur la vocation des gentils* (1687). In: *Oeuvres* (v. I), 1997.

Começo conjectural da história humana

O abuso do tempo é um grande mal. Outros males, piores ainda, acompanham as letras e as artes. Tal é o luxo, como elas nascido da ociosidade e da vaidade dos homens. O luxo raramente se apresenta sem as ciências e as artes, e estas jamais andam sem ele.[54]

Opondo o homem natural ao homem social, Rousseau enfatiza e dá absoluta primazia ao primeiro, e assevera que, para se alcançar o homem natural por meio do qual se deve reestruturar a sociedade, é necessário atenuar nele tudo o que há de *sociável*, na medida em que – por meio da hipótese – tem como escopo reencontrar a história da evolução por meio da qual os homens chegaram ao estado social. Numa palavra, Rousseau afirma concomitantemente a irrealidade do estado de natureza e a necessidade de estudá-lo para que se possa compreender unicamente pela razão o que acontece: numa sociedade que confere excessivo apreço às opiniões, o luxo tem um lugar de destaque; faz com que seus idólatras (uma minoria) se sintam superiores a outros que agonizam na pobreza, manifestando uma vontade avassaladora de minimizar os de classes mais inferiores em diversos aspectos, como no campo do saber e das riquezas, por exemplo. Pessoas de tal índole dependem muito mais da consideração de outrem do que de sua própria capacidade para sustentar um sentimento de estima pessoal. Essa reflexão que serve para o indivíduo, sem dúvida, pode ser estendida ao coletivo, à civilização.

---

54 Rousseau, J.-J. *Discours sur les sciences et les arts*. In: *Oeuvres complètes* (T.III – Écrits Politiques), 1996, p.19, doravante citadas como *OC*.

Para a sociedade chegar a esse estado de falsas aparências e atitudes enviesadas – ambas sob a máscara da bondade –, ela passou por um processo longo e evolutivo, e não fruto do acaso: concretizaram-se muitos desenvolvimentos, foram adquiridos muitos conhecimentos e estes foram transmitidos constantemente de geração a geração; em outras palavras, um esforço descomunal para se alcançar o apogeu da decadência.

Desde a primeira noção de propriedade (embrião da análise da desigualdade que, gradativamente, tornava-se mais transparente no contexto social, político e econômico do século XVIII) até chegar ao despotismo esclarecido, tomam forma em Rousseau os pontos nodais da crítica ao *espírito civilizado*: se, por um lado, há o pleno desenvolvimento das faculdades humanas, do amor-próprio interessado, a absoluta supremacia da razão e o espírito beirando a perfectibilidade; por outro lado, se tais faculdades são as únicas a merecerem crédito de todos, foi fundamental tê-las ou almejá-las. Pleiteando vantagem própria, foi necessário mostrar-se distinto do que realmente fora. O dualismo entre o ser e o seu obstáculo acirrou-se, de modo a tornar *o que sou* e *o que pareço ser* duas coisas absolutamente diferentes. Por trás das aparências, os homens, com a meta de elevarem as suas riquezas, mais por desejarem se sentir superiores a outros do que por necessidade real, veem surgir uma doentia inclinação ao se digladiarem reciprocamente, e a inveja se insere no seio da humanidade, sob o manto da bondade, como uma verdadeira estratégia para que uns obtenham lucros e sucesso em detrimento de outros. A riqueza, conduzindo e dominando os homens, faz vir à tona, ao mesmo tempo, a mediocridade daqueles, pois não conseguem se aperceber que, mesmo no posto de senhores, são servos: se são ricos, dependem do labor dos pobres, e se são pobres, necessitam do subsídio dos ricos. É possível, também, a análise desse contexto por outra vertente: o rico, na falsa pretensão de ajudar o pobre, faz com que este fique cada vez mais no seu estado miserável, ao passo que o pobre, que odeia o rico, o venera, mas sempre com o objetivo de se elevar ou até mesmo ultrapassar o abastado que o humilha. Rousseau conclui que essa discórdia entre os homens se deve ao fato de uma minoria opulenta estar no topo do poder, dando crédito às coisas de que desfrutam justamente porque a plebe está afundada na mais completa pobreza e privada de tais coisas:

> Provaria, enfim, que se vemos um punhado de poderosos e de ricos no cume das grandezas e da fortuna, enquanto a multidão rasteja na obscuridade e na miséria, é porque os primeiros só dão valor às coisas de que gozam por estarem os demais privados delas e porque, sem mudar de estado, deixariam de ser felizes se o povo deixasse de ser miserável.[55]

Dessa gritante e absurda desigualdade de condições e riquezas, da variedade de paixões e talentos, emerge toda sorte de preconceitos, totalmente contrários à razão, à felicidade e à virtude. E tal desordem culmina num des-

---
55 Rousseau, J.-J. *Discours sur l'origine et les fondemens de l'inégalité parmi les hommes.* In: *OC* (T.III), p.189.

potismo, o qual, aniquilando de vez tudo o que ainda tivesse de bom entre os homens, os colocaria à sua mercê pela via da violência. Na plena ausência de leis, o tirano age como lhe convier, impondo aos seus súditos uma obediência cega. Todavia, se tal imposição se valeu da violência, só ela a lança por terra, já que todas as coisas passam, conforme uma ordem natural, e, sejam quais forem os resultados de tais revoluções constantes e concisas, ninguém poderá protestar contra a injustiça de outrem, mas somente contra sua própria insensatez ou desgraça. Como, então, verificar o índice de benefícios presentes na sociedade, que agora disfarça a virtude, é despótica e cria um abismo entre os que possuem e a grande massa alijada? O dinheiro pode ser um indicador, "mas com o dinheiro se tem tudo, salvo costumes e cidadãos". Talvez o luxo seja um indício dos progressos da civilização, como pensava Voltaire. No entanto, é preciso esclarecer do que se trata nessa reflexão em torno do luxo.

> É preciso saber o que é mais importante para os impérios – serem brilhantes e momentâneos, ou virtuosos e duráveis. Digo "brilhante", mas qual o seu brilho? O gosto pelo fausto absolutamente não se associa, nas mesmas almas, com o da honestidade. Não, não é possível que espíritos degradados por um mundo de preocupações fúteis se elevem por uma vez a algo de grande e, se tivessem força, faltar-lhes-ia coragem.[56]

---

56 Rousseau, J.-J. *Discours sur les sciences et les arts*. In: *OC*, p.20.

Decididamente, a virtude parece não se sustentar no fausto e na futilidade. Estes criam o *paradoxo* fundamental da sociedade, ou seja, a desigualdade, cujo emblema é o luxo: os progressos civilizatórios esbarram na desigualdade dos homens e transformam os verdadeiros sentimentos em ilusões hipócritas. O luxo é resultado inexorável do homem ávido por suas próprias comodidades e a consideração dos outros. É o ponto culminante da obra do mal que as sociedades começaram; na verdade, ele é o pior de todos os males que possam advir socialmente e, para sustentar uma multidão de criados e de miseráveis engendrados por ele, oprimem e arruinam o operário e o cidadão. "É como aqueles ventos escaldantes do Sul que, cobrindo a erva e a verdura de insetos devoradores, retiram a substância dos animais úteis e levam a desgraça e a morte a todos os lugares em que se fazem sentir."[57] Esse vento é ambientado na vida civilizada.

Rousseau: paradoxo e civilização

Crítica à sinceridade mascarada

O cuidado que os séculos XVI e XVII têm em apresentar distinções sutis e refinadas quanto à dissimulação ou a arte de bem viver em sociedade não consegue se desviar da questão que se instala paralelamente ao seu uso: como a dissimulação civilizada pode engendrar qualquer

---

57 Rousseau, J.-J. *Discours sur l'origine, et fondemens de l'inégalité parmi les hommes*. In: *OC*, p.206.

valor moral? Se a civilidade é tão somente a expressão exterior de certa polidez, se é apenas uma imitação artificial, os bons modos podem ser percebidos como uma arte enganadora, imitando virtudes ausentes, como indica o Cardeal de Retz: devemos boa parte de nossa felicidade à sociedade civil, mas

> somente o homem possui o uso da palavra, pois, entre os animais, ele detém exclusivamente o gosto pelo útil e pelo lesivo, pela honestidade e pela desonestidade. De sorte que, para ele, não é suficiente que haja do que produzir seus sentimentos e suas afecções corporais: é preciso também que possa expressar os pensamentos de sua alma, suas opiniões, seus desejos, seus medos e esperanças, é para esse fim que a palavra nos é dada.

Entretanto, aquele gosto pelo danoso e pela fraude leva a virtude da palavra a ser alterada, falsificada para distorcer a visão das coisas;

> se pelas mesmas palavras que significam estima, benevolência, amizade devemos entender o contrário; se os termos de cortesia, com os quais prometemos que faremos o conveniente e aos quais adequamos nossas pretensões, possuem um sentido reservado e não sei mais que evasões mentais contrárias, que garantias podemos tomar?[58]

Saber enganar delicadamente passou a compor certa *science du temps*, uma adequada "sabedoria" *à la mode*, cujo agente principal se especializa em ser *prudente* (*Nequitia*

---

58 Gondi, Paul de (Cardeal de Retz), 1887, t. IX, p.173-4.

disciplina) e dono de uma malícia instruída e disciplinada; em outras palavras, o hipócrita:

> Eles [os hipócritas] agem como o veneno quando entorpecem os sentimentos pelas doçuras, enquanto sua maldade vai secretamente às entranhas e busca as partes mais nobres. Eles nos fazem mal com suas palavras; eles nos dão cicuta numa taça de rubis e esmeraldas; eles nos sufocam sob rosas e pedras preciosas; eles nos matam com espadas douradas; *sic inventum est aliquando quomodo aurum non ametur*. Eis como o desregramento dos nossos costumes corrompe o uso de todas as coisas.[59]

Conclusão: "Desconfiemos, portanto, do exterior".[60] Reduzidas a aparências superficiais, a polidez e a civilidade deixam, no interior, em profundidade, o campo propício aos seus contrários: a malignidade, a violência, a maledicência. "A polidez", constata La Bruyère no final do século XVII, "nem sempre inspira a bondade, a equidade, a complacência, a gratidão; delas apresenta ao menos a aparência, e faz o homem parecer externamente como deveria ser internamente".[61] Com um pouco de virtude, de capacidade e de boa conduta, pode-se ser insuportável. As maneiras que se negligenciam como coisas menores são, frequentemente, o que faz com que os homens decidam sobre o bem ou o mal de alguém. Uma leve atenção para o gesto doce e polido previne o mau julgamento. Não

---

59 Idem, p.175-6.
60 Idem, p.182.
61 La Bruyère, J., 1993, p.138.

é preciso quase nada para sermos tomados como orgulhosos, incivis, desprezíveis, abusados; é preciso menos ainda para sermos estimados como o contrário de tudo isso. A instabilidade civilizada passa a ser, então, alvo de uma investigação filosófica que pedirá à civilização contas do seu negativo. A nova expressão critica a civilização porque ela pode se reduzir a outros sentimentos que não os desejados para o convívio entre os homens. Ela por si só não passa de espaço privilegiado para a arte da imitação, "é a paródia estética das exigências éticas da razão".[62] Civilizando-se, os homens aprenderam a conciliar seus interesses particulares com o interesse comum, aprenderam que, por esse acordo, cada um tira mais da sociedade do que nela pode pôr. Contudo, esse plano comporta também o seu enigma: a arte de prescindir das virtudes que ele imita. Há a civilização, mas há, também, a sua máscara.

Rousseau pensa ser inaceitável essa "sinceridade mascarada", já que ela se traduz numa incompatibilidade radical entre o que se anuncia e o que se sente; em outras palavras, o filósofo despreza a máscara por ser ela filha dileta da hipocrisia – o sinal, *par excellence*, da civilização: nela cultivamos a ideia de que, para se tornar homem de bem, é adequado e proveitoso começar por ser hipócrita, e que a falsidade é o caminho acertado para se chegar à virtude. E mais, que os vícios são adornados com a polidez e, dessa forma, não são contagiosos como o seriam, apresentando-se de frente, com rusticidade; que a arte de penetrar os homens fez igual progresso àquela de disfar-

---

[62] Starobinski, J., 2001, p.31.

çar-se; que estamos convencidos de que não se deve contar com eles, a menos que lhes agrademos ou lhes sejamos úteis; que sabemos avaliar as ilusórias ofertas da polidez, o que, sem embargo, significa que, quando dois homens se cumprimentam, do fundo do coração um diz ao outro: "eu vos trato como um idiota e zombo de vós", e o outro responde-lhe também do fundo de seu coração: "sei que mentes cinicamente, mas vos retribuo com a maior boa vontade".[63] Eis, portanto, a ideia de fragilidade da civilização e seu caráter paradoxal: ela deseja a aproximação entre os homens, embora cultive o que verdadeiramente os separa, ou seja, a opacidade, a mentira, a hipocrisia, a máscara. A despeito de a noção de vida civilizada ter sido gestada já no século XVI, é Rousseau que cria, propriamente, nos tempos modernos, o *problema* da civilização, assim como inventa o conflito entre *l'homme* e *le citoyen*.[64] Na verdade, como vimos anteriormente, o termo *civilização* só aparece, como termo constituído, em 1756, e os dois discursos de Rousseau são anteriores a essa data (1750 e 1755). Entretanto, se o termo não se encontra na obra do filósofo, o processo ali está registrado, e ele corresponde exatamente ao sentido ativo do termo "civilização", quer dizer, à ação coletiva e original que faz a humanidade sair da barbárie. A posição inovadora do genebrino permite a abertura de um novo flanco na tão controvertida e

---

63 Rousseau, J.-J. *Lettre de J. J. Rousseau à M. Grimm*, nov. 1751. In: *OC*, (T.III), p.60.
64 Goldschmidt, V., 1980, p.94. Ver ainda: Vincenti, Luc. La civilisation chez Rousseau et Kant. In: Binoche, B., op. cit.

plural filosofia das Luzes; dessa fresta nasce uma questão nevrálgica: a progressão contínua e indubitável é necessariamente um progresso?

Pode-se pensar que a civilização não é um dado recebido de forma passiva pelos homens – espectadores estáticos –; mas, ao contrário, ela é uma obra a ser feita e protegida da barbárie. Ora, essa obra somente pode ser um efeito cuja causa é científica, como pensava d'Alembert.[65] Nessa perspectiva, a civilização aparece como uma ideia prática confiada aos esforços dos sábios e de sua época. O *Século da Razão, das Luzes, da Filosofia*. O *amigo da sabedoria* é, antes de tudo, amigo da razão, como depõem os escritos da época: "a razão é para o filósofo o que a graça significa para o cristão. A graça determina o cristão a agir; a razão determina o filósofo".[66] As luzes oriundas da razão clarificam os caminhos do filósofo, também se constituindo como sinônimo de Filosofia: *Philosophie des Lumières*. Os ilustrados reconhecem a certeza dos "progressos do espírito humano" porque houve um ponto de partida, "os Antigos". Antes da obscura Idade Média, houve um século erudito, o das *belles-lettres* e da Filosofia. Essa história "é naturalmente ligada à do pequeno número de grandes gênios, cujas obras contribuíram para espargir a *luz* entre os homens".[67] A contribuição dos Antigos é importante,

---

65 Ver D'Alembert, 1986.
66 Dumarsais. Article "Philosophie". In: *Encyclopédie ou dictionnaire raisonné des sciences, des arts et métiers, par une société des gens de lettres*, 1969.
67 D'Alembert, Discours préliminaire de l'Encyclopédie, 1969, p.124.

reconhece-se. Apesar do período nebuloso da Idade Média, no qual "o exame aprofundado da natureza e o grande estudo do homem foram substituídos por milhares de questões frívolas acerca de seres abstratos e metafísicos", só podendo gerar "a superstição nascida da ignorância e que a reproduz por sua vez",[68] a Filosofia progride, avança e, dessa maneira, irmana-se à ciência. Elas se reencontram e superam os tempos tenebrosos[69] nas obras de Bacon, Descartes, Newton, Locke e Leibniz. O espírito humano purifica-se pouco a pouco dos preconceitos ancestrais, a escolástica e a teologia recuam e, enfim, a filosofia se estabelece: "a Filosofia, formadora do gosto dominante de nosso século, a julgar pelos progressos que ela fez entre nós, quer recuperar o tempo perdido e se vingar de uma espécie de desprezo a ela atribuída por nossos pais".[70] E acrescenta d'Alembert: "o século de Demétrius sucedeu imediatamente o de Demóstenes, o século de Lucanius e de Sêneca, o de Cícero e de Virgílio, e o nosso, o de Luís XIV".[71]

Progresso por vezes enxertado com uma concepção aparentemente cíclica da história: o sistema de d'Alembert é composto de épocas de sombras e de momentos luminosos, quer dizer, dos grandes séculos de civilização. O século XVIII aparece como o resultado provisório do desenvolvimento das consciências, digno herdeiro dos antigos "séculos filosóficos", mas também como o mo-

---
68 Idem, p.126.
69 Idem, p.125.
70 Idem, p.152.
71 Idem, p.157.

mento de triunfo sobre a noite dos primeiros instantes de nossa era. Talvez isto se deva a uma particularidade do século, a sua forma de fazer filosofia. O filósofo esclarecido vê mais longe porque não se afasta da natureza, nem tampouco do grande estudo do homem (desta feita, atrelado ao mundo, ativo socialmente). Estudando o homem, o filósofo estuda a si mesmo. O espírito filosófico, por isso, é um espírito de observação e de justeza, que relaciona tudo aos verdadeiros princípios. Mas não é somente o espírito que o filósofo cultiva. Ele dirige mais adiante sua atenção e seu apuro. Com isso, a Filosofia se reveste de poder, que às vezes dá a impressão de frio e tranquilo porque a satisfação por ele procurada é um sentimento uniforme.

> A invenção e o uso de um novo método de filosofar, espécie de entusiasmo acompanhando as descobertas, certa elevação das ideias que produz em nós o espetáculo do universo; todas estas causas deviam excitar nos espíritos uma fermentação viva. Esta, por sua vez, agindo por todos os lados devido à sua natureza, se faz portadora de uma sorte de violência contra tudo o que se lhe mostra como obstáculo, como um rio a romper seus diques.[72]

Especialmente considerado pelo novo método de filosofar, o homem não é mais um monstro vivendo nos abismos marinhos ou no interior de uma floresta. As suas estritas necessidades vitais lhe remetem ao intercâmbio com outras necessidades, e não importa em qual estado

---

72 D'Alembert, 1986, p.11.

ele possa se encontrar. Suas carências e seu bem-estar o conduzem para a vida em sociedade. Assim, a razão exige que ele conheça, estude e trabalhe a fim de adquirir as qualidades sociais.[73] Em D'Alembert, ciência e sociedade sintetizam-se na figura do filósofo, e toda a exaltação da época filosófica é, no fundo, o elogio de uma civilização científico-filosófica. Tanto mais civilizado se é quanto mais familiarizado com as conquistas da Ciência em sua capacidade de produzir o melhor para o homem: uma Ciência associada à Filosofia só pode, desse modo, ser o fruto de uma sociedade que superou a barbárie inicial e trouxe como produto da sua razão, para os tempos atuais, seus melhores rendimentos.

A civilização que D'Alembert tem em vista pode-se denominar, *grosso modo*, criativa, ao passo que aquela ressaltada no *Discurso sobre as ciências e as artes* nos leva imediatamente a crer que os dois autores não falam do mesmo fenômeno – e à civilização que Rousseau analisa pode-se chamar *parasitária*.[74] Este não enxerga a civilização suscitada pelos gênios criadores, mas sim aquela degradada e corrompida pelos seus usuários. No entanto, o filósofo não se refere somente àqueles atirados à escória; são tocados, especialmente, os subservientes "às opiniões do seu século" para deles recolher as recompensas.[75] São eles que fazem nascer e proliferar uma funesta desigualdade entre os homens pelo privilégio dos talentos e pelo aviltamento

---

73 Ver Menezes, E., 2000.
74 As expressões são de Goldschmidt, op. cit., p.112.
75 Rousseau, J.-J. *Discours sur les sciences et les arts*. In: *OC*, p.25.

das virtudes. Aqui encontramos o efeito mais evidente do caráter essencialmente científico da civilização. Ele antagoniza vício e virtude somente para privilegiar o primeiro; e, dessa forma, pergunta-se mais sobre talento do que sobre probidade, mais sobre utilidade do que sobre elegância e correção da forma. As recompensas são multiplicadas em favor do engenho para rebaixar a virtude. As ciências e as artes fortalecem e dão o tom da civilização, tornando os homens civilizados "escravos felizes" que amam o gesto delicado e fino, a doçura de caráter e a urbanidade dos costumes, em uma palavra: "a aparência de todas as virtudes sem que delas se possua nenhuma".[76] A honestidade e a virtude dão lugar aos talentos e o gosto é substituído pelo fausto. As boas ações são ofuscadas pelos belos e eloquentes discursos. Difícil conceber indivíduos que direcionam suas preocupações a coisas sem nenhuma importância como passíveis de possuir alguma virtude, e, caso tivessem, "faltar-lhes-ia intrepidez para exercê-la", pois seus vícios não permitiriam a ação a partir da forma virtuosa. Em suma, suas virtudes são apenas vícios encobertos.

Civilização: a ordem invertida

Rousseau, entendendo que tal artifício originou e propagou toda sorte de malefícios – vaidade, conformismo estético, ostentação, hipocrisia, enfim, males que por sua vez impelem a humanidade à desordem – proclama o

---

76 Idem, ibidem, p.7.

que realmente ocorre sob a polidez dos costumes e o vasto conhecimento dos letrados da sociedade de sua época. O lustro e a pompa excessivos dos costumes, louvados e requeridos pela vida civilizada, com vistas à obtenção de poder e reputação, culminam na hipocrisia. Assim, instala-se outra característica paradoxal da civilização, cuja expressão principal pode ser resumida na capacidade de os homens parecerem o que não são: "Não se ousa mais parecer tal como se é, e, sob essa coerção perpétua, os homens que formam o rebanho chamado sociedade, nas mesmas circunstâncias, todos farão as mesmas coisas, desde que motivos mais poderosos não os desviem".[77] A riqueza do vestuário e o bom gosto, por exemplo, podem dizer do brilho que destaca um homem na sociedade, assim como a contenção exterior pode ser índice de uma boa convivência. Entretanto, nenhum desses traços pode, realmente, dizer dos estados do coração, do bem ou da regra moral. O homem civilizado é, moralmente, um ícone do desvio corrupto e perdido:

> O homem civil (...) sempre ativo, cansa-se, agita-se, atormenta-se sem cessar para encontrar ocupações ainda mais penosas; trabalha até à morte, corre no seu encalço para colocar-se em estados de viver ou renunciar à vida a fim de adquirir a imortalidade; corteja os grandes, que odeia, e os ricos, que despreza; nada poupa para obter a honra de servi-los; gaba-se orgulhosamente de sua própria baixeza e da proteção deles, e vangloria-se de sua escravidão, referin-

---

77 Idem, ibidem, p.8.

do-se com desprezo àqueles que não gozam a honra de partilhá-la (...); existe uma espécie de homens que contam para qualquer coisa com os olhos do resto do mundo e se sentem satisfeitos consigo mesmos mais pelo testemunho dos outros do que pelo seu próprio (...); perguntando sempre aos outros o que somos e não ousando jamais interrogarmo-nos nós mesmos acerca disso, em meio a tanta Filosofia, humanidade, polidez e máximas sublimes, só temos um exterior enganoso e frívolo, de honra sem virtude, de razão sem sabedoria e de prazer sem felicidade.[78]

Sem embargo, esse não era o estado original do homem, é o espírito de sociedade e de desigualdade que o forjaram, que mudam e alteram, dessa maneira, todas as inclinações naturais. A história do homem é a da separação gradativa entre o ser e o parecer, e o jogo da aparência é a sua consequência imediata; por isso mesmo, a aparência é transformada num problema ético que merece atenção destacada da verdadeira Filosofia. Com efeito, a moral, como concordância racional a leis que damos a nós mesmos, não pode ser incompatível com a verdade. Isso aniquilaria o próprio princípio ético, já que uma corrupção ali se instala se não atrelamos o interesse racional pela verdade a uma postura adequada a tal interesse. Segundo Rousseau, a vida civilizada especializou-se em trabalhar esse aspecto corrupto: a escravidão moral é, decisivamente, a parceira da vida civilizada e, a seus olhos, este é um fenômeno definitivo para a elaboração dos costumes sociais, criados para

---

78 Rousseau, J.-J. *Discours sur l'origine, et les fondemens de l'inégalité parmi les hommes*. In: *OC*, p.192-3.

estabelecer uma base cujo desiderato é marcar desprezíveis distinções entre pessoas, como sofisticadas, elegantes e perfeitas, ou como grosseiras, desajeitadas e estúpidas.

Desenvolvendo um exame dos progressos da desigualdade (a propriedade, os magistrados e o despotismo, respectivamente nessa ordem), Rousseau entende que essa distinção não é de ordem natural, mas de origem social, uma convenção estabelecida. Sob o disfarce de uma medida frívola, colocando a moralidade em segundo plano e suprimindo o estado de natureza em prol de um estado social, o homem natural sucumbe às convenções impostas pela sociedade, as quais não têm qualquer respaldo na natureza. Ao contrário, nega-se o que no homem há de natural ao transformar a aparência na substituta do vigor genuíno: "O homem de bem é um atleta que se satisfaz em combater nu: ele despreza todos esses vis ornamentos, que dificultam o uso de suas forças e cuja maior parte foi inventada somente para esconder uma deformidade qualquer".[79] Antes que a arte da aparência polisse os modos e ensinasse o disfarce das paixões por meio da linguagem bem tratada, os costumes humanos eram rústicos, porém naturais, e a diferença dos procedimentos denunciava, à primeira vista, a dos caracteres. A repulsa rousseauniana ao homem social não é nem um pouco parcimoniosa: "Tornando-se sociável e escravo, torna-se fraco, medroso e subserviente, e sua maneira de viver, frouxa e afeminada, acaba por alquebrar ao mesmo tempo sua força

---

79 Rousseau, J.-J. *Discours sur les sciences et les arts*. In: *OC*, p.8.

e sua coragem".⁸⁰ Observe que a ordem de valores é invertida: a desdita, que estava estritamente vinculada ao homem selvagem, agora é atributo do homem civilizado. A capacidade de aperfeiçoar-se o faz desenvolver todas as suas outras faculdades, porém essa perfectibilidade, impregnada de vícios e superfluidades, faz com que o homem cultivado seja o pior e o mais miserável de todos os homens, pois lhe faltam a virilidade, a força e a atitude máscula naturais. Os "costumes efeminados"⁸¹ invadem o homem civilizado, arrancando-lhe a robustez:

> A "lassidão efeminada", a "interminável série de modernos adornos femininos", a "mais impudica lascívia", as "repetidas visitas noturnas", "a liberdade e a licença das conversas dissolutas", as "modernas e afetadas maneiras femininas", o "fascínio das maneiras suaves", a encantadora "vivacidade de espírito" feminina, "certa obsequiosidade cortejadora e frouxa de cumprimentos diariamente trocados entre pessoas de sexo diferente", os "doces atrativos", "as graciosas atenções" que "se alternam nas reuniões civis", a "languidez caricata", "os gemidos e suspiros" que "fomentam o perigoso comércio das amizades mundanas", os "ávidos anseios de um coração voluptuoso", a "desenvoltura imperante, que antes se diria licença ou libertinagem",⁸²

faziam da civilização o reduto de uma arte de viver doce e permissiva. Há na sociedade a vitória feminina e, com

---
80 Rousseau, J.-J. *Discours sur l'origine, et les fondemens de l'inégalité parmi les hommes*. In: *OC*, p.139.
81 Rousseau, J.-J. *Discours sur les sciences et les arts*. In: *OC*, p.14.
82 Camporesi, P., 1996, p.25.

ela, o triunfo do olhar – o mais frágil dos sentidos – que favorecem e exaltam a policromia, o detalhe, a miniatura, a elegância, o trato. A tudo dominam o aparato geral, a organização graciosa e a disciplina harmônica; todos esses elementos estarão a serviço do exigente prazer da vista, agora, na vida civilizada, comandado pelo feminino.

O que quer dizer, entretanto, uma anterioridade na qual a compatibilidade entre ser e parecer é a tônica? Na verdade, a natureza humana não era melhor, mas os homens mantinham maior segurança porque não havia o obstáculo enganoso da aparência; em seu lugar encontrava-se a facilidade para se penetrarem reciprocamente, uma vantagem cujo valor esboroou-se na vida polida e é desconhecido pelo cidadão, algo que, antes, poupava o homem de muitos vícios.

> Há no estado de natureza uma igualdade de fato real e indestrutível, porque é impossível que nesse estado a única diferença de homem para homem seja tão grande a ponto de tornar um dependente do outro. No estado civil há uma igualdade ilusória e vil, pois os meios destinados a mantê-la servem eles mesmos para destruí-la, e a força pública acrescentada ao mais forte para oprimir o mais fraco rompe a espécie de equilíbrio que a Natureza colocara entre eles. Dessa primeira contradição decorrem todas aquelas que observamos na ordem civil entre a aparência e a realidade.[83]

Comentando essa passagem, Salinas Fortes observa que a contradição ganha, aqui, uma especificação: no

---
83 Rousseau, J.-J., 1966, p.306-7.

domínio da natureza, predominava a igualdade; no plano da sociedade, reina a desigualdade. Mais ainda, a desigualdade de fato que caracteriza esse estado atual se apresenta necessariamente *dissimulada* sob a máscara de uma igualdade de direito. E é daí que decorrem todas as contradições observáveis entre ser e parecer. É dessa desigualdade, por conseguinte, que não é apenas desigualdade entre os homens, mas oposição entre aparência e realidade, que os vícios também se alimentam, é por causa dela que a polidez e a arte de agradar transformam-se numa espécie de segunda natureza, que não ousa mais parecer aquilo que é, que já não é mais possível conhecer o íntimo dos outros, que cada face é necessariamente mentirosa e que a vida em sociedade é o reino da hipocrisia.[84]

É sabido que as análises do filósofo de Genebra não nos levam a supor um retorno ao estado natural, que não pode ser interpretado como bucolismo pueril e tampouco como aversão ao estado social. Não sendo possível perdurar para sempre, o estado natural precisou aperfeiçoar-se de maneira que tais aprimoramentos se desenvolvessem no homem. A crítica ao aperfeiçoamento das faculdades humanas é estritamente atrelada à direção que essas faculdades tomaram, sendo aprimoradas; a passagem do estado natural ao estado social seguiu um viés determinado, baseado na futilidade e na hipocrisia dos costumes: "Onde é nulo o efeito, não há nenhuma causa a procurar; mas, aqui, o efeito é certo, a depravação é real e nossas almas corromperam-se à medida que nossas ciências e

---

84 Salinas Fortes, L. R., 1997, p.39.

nossas artes avançaram à perfeição."[85] É fundamental entender que Rousseau não condena as ciências e as artes em si mesmas, e que sua censura recai sobre o que elas acabaram fomentando e justificando, ou seja, a formação de uma sociedade cujo norte são a fama e as honrarias. Por isso mesmo, retornar à natureza significa que ao homem é necessário voltar a si mesmo para se conhecer, conhecer a natureza, seus deveres e seu fim. Não é possível falar ou definir a natureza baseando-se numa noção dela, estipulada pela ótica da sociedade, a qual corrompe e suprime a própria natureza. Tal crítica está eminentemente vinculada à moral.

A civilização e a impossibilidade do progresso moral

A felicidade não requer mais a virtude; sua matéria primeira são os vícios e seu refúgio é a máscara. Por trás dela, estabelece-se uma unidade afetada:

> Atualmente [diz Rousseau], quando buscas mais sutis e um gosto mais refinado reduziram a princípios a arte de agradar, reina entre nossos costumes uma uniformidade abjeta e enganosa, e parece que todos os espíritos foram jogados num mesmo molde: sem cessar, a polidez exige, o decoro ordena; sem cessar seguem-se os usos e nunca o próprio gênio.[86]

---

85 Rousseau, J.-J. *Discours sur les sciences et les arts*. In: *OC*, p.9.
86 Idem, p.8. A homogeneidade que recusa a utilização do próprio gênio, isto é, o uso de sua própria capacidade, aquilo que leva cada um a se distinguir dos demais, aparece como inimigo da

Immanuel Kant

A uniformização decorrente da vida social imprime uma mesma marca a todos os homens que lhes retira os aspectos mais distintivos e honrosos, ao mesmo tempo em que se interpõe entre eles a mais refinada mentira:

> Jamais se saberá, portanto, com quem se trata; assim, será preciso, para conhecer seu amigo, aguardar as grandes ocasiões, ou seja, esperar que não haja mais tempo para tanto, porquanto para essas ocasiões é que teria sido essencial conhecê-lo.[87]

---

autonomia tão valorizada pela Ilustração. Se, em Kant, essa autonomia é do entendimento, em Rousseau, ao que se pode inferir, ela pertence à moral, à virtude. E, desse modo, o filósofo genebrino acaba por resgatar o sentido original horaciano da ousadia: "Tem coragem de ser virtuoso". Talvez não fosse demais afirmar que, se Rousseau tivesse de eleger uma divisa, seria essa. Para ser virtuoso é preciso ter a ousadia de sair da homogeneidade superficial imposta pelo condicionamento externo. Ser diferente, autônomo, quer no entendimento, quer na virtude, implica, portanto, um ato de coragem. Sobre a divisa horaciana que inspirou a Ilustração, ver Venturi, F., 1971.

87 Idem, ibidem. A amizade aparece como uma possibilidade de ruptura com o obstáculo, daí a preocupação de Rousseau em recomendar a espera pelos grandes momentos para reconhecer o verdadeiro amigo, pois uma afeição pode desfazer-se ao menor golpe, ou ao menor interesse contrariado, porque não exige reciprocidade; a amizade, ao contrário, reclama a troca sincera. A singularidade advinda da amizade permite que a separemos do simples afeto superficial, disfarçado – boa parte das vezes, colado ao fingido rótulo de "amigo": "A afeição (*attachement*) pode prescindir da reciprocidade; a amizade, jamais. Essa é uma troca, um contrato como os outros; mas é o mais santo de todos. A palavra *amigo* não tem outro correlato a não ser ela mesma. Todo homem que não é amigo de seu amigo é seguramente um trapaceiro (...)". Rousseau (1966, livro IV, p.303).

Subestima-se o sentimento de companhia ao extremo e acaba-se por diluí-lo a ponto de se instituir, quase como regra, a solidão acompanhada. Nunca se está menos só do que quando se está só. "Quanto a mim [escreve Rousseau], somente estou só na multidão, onde não posso pertencer nem a ti nem aos outros."[88] Os cuidados obsequiosos parecem não fornecer a garantia da lisura e da confiança. Como ser amigo de alguém que nunca se viu? O honesto interesse da humanidade e a efusão simples e tocante de uma alma sincera têm uma linguagem muito diferente das falsas demonstrações da polidez e das aparências falseadoras que o hábito da sociedade impõe. "Tenho medo [continua Rousseau] de que aquele que desde o primeiro momento me trata como um amigo de vinte anos não me trate, ao final de vinte anos, como um desconhecido se tivesse de lhe pedir um grande favor."[89]

A distância entre os homens aumenta o seu desprezo pela autenticidade e diminui seu interesse pelo bem. Ora, como sentimento, a virtude tem sua nascente no íntimo do homem por meio de um desejo do bem. O mundo da cultura inibe essa tendência e o inclina ao mal pelo culto ao exterior, ao visível. O anseio universal de reputação, de honrarias, de preferências, traço indiscutível do homem citadino, a todos doma, devora e põe em confronto os talentos e as forças, excitando e multiplicando as paixões. Tal desejo de fazer falar de si e o furor de distinguir-se, quase sempre colocando-o fora de si, conduzem o homem da cultura ao que há

---

88 Rousseau, J.-J., 1994, p.210 (Segunda parte, carta XIV).
89 Idem, p.211.

de melhor, mas também ao que há de pior: as virtudes e os vícios, as ciências e os erros, os conquistadores e os filósofos, ou seja, uma multidão de coisas más contra um fraco número de coisas boas e edificantes. A vida policiada desperta necessidades e paixões que o homem natural jamais conheceu e coloca-lhe nas mãos recursos sempre novos para saciá-las sem freios. A cultura estabelecida nega a natureza – "essa a afirmação patética dos dois discursos e do *Emílio*".[90] As falsas luzes da civilização, longe de iluminar o mundo, obnubilam a transparência original, separam os homens uns dos outros, particularizam os interesses, destroem toda possibilidade de confiança recíproca e substituem a comunicação essencial dos espíritos pela dissimulação:

> A primeira arte de todos os maus é a *prudência*, ou seja, a dissimulação. Tendo tantos desígnios e sentimentos a ocultar, sabem compor seu exterior, governar seus olhares, suas atitudes, seu ar, tornar-se mestres das aparências. Sabem tirar vantagens e cobrir com um verniz de moderação as sombrias paixões por que são corrompidos. (...) Os maus são frios, manhosos; o veneno se deposita e se esconde no fundo de seus corações para agir somente na hora e no lugar certos.[91]

---

90 Starobinski, J., 1991, p.35.
91 Rousseau, J.-J. *Rousseau juge de Jean-Jaques. Dialogues, II*. In: *OC* (T.I), 1959, p.861. O tema da prudência retornará em Kant, numa avaliação mais positiva. A denúncia de Rousseau recai, prioritariamente, sobre a alienação da liberdade; enquanto Kant procurará os efeitos possíveis da liberdade e sua destinação. Rousseau influencia Kant, sem dúvida, mas não sem uma espécie de *toilette* feita previamente pelo último em relação ao primeiro. Sobre a recepção das ideias rousseaunianas pelo autor da *Crítica da razão prática*, ver Kryger, E., 1978.

Na dissimulação encontra-se a especialização que o civilizado estima e cultiva. Ele se especializa em mentir e, o que é pior, não mente somente para o outro – algo que lhe traz a vantagem da aceitação –; o homem foge de si mesmo e busca a vida culta e civilizada, a vida mascarada. Ele é prudente e traz consigo o belo verniz da palavra; empenha-se em ludibriar os outros a respeito de seus verdadeiros sentimentos; ninguém é enganado e nem um só é tão tolo que se iluda, embora todos falem como ele. Em nenhuma parte existe um sentimento primitivo, uma vontade de viver em comum numa verdadeira unidade. Nenhuma simpatia natural une os homens. Aparentemente, todos buscam a felicidade, ninguém se preocupa com a realidade. Todos escondem seu ser atrás de um disfarce; todos escravos e vítimas do amor-próprio,[92] não vivem para viver, mas para fazer crer que viveram. O homem da cultura é um hipócrita. Não apenas a ordem civilizada é

---

92 Rousseau estabelece uma distinção fundamental entre amor de si e amor-próprio. Este último ficou atrelado à civilização como sentimento artificial, fruto da cultura. "Não devemos confundir amor-próprio com amor de si; são duas paixões muito diferentes, tanto pela natureza como por seus efeitos. O amor de si é um sentimento natural, que leva todo animal a velar pela própria conservação e que, no homem conduzido pela razão e transformado pela piedade, gera a humanidade e a virtude. O amor-próprio não passa de um sentimento relativo, fictício, nascido na sociedade, que leva cada indivíduo a fazer mais caso de si mesmo do que de qualquer outro, que inspira nos homens todos os males que mutuamente se causam, e que é a verdadeira fonte da honra. Rousseau, J.-J. *Discours sur l'origine, et les fondemens de l'inégalité parmi les hommes*. In: *OC*, p.219.

um palco onde se encena a vida do "homem do homem", mas também o cidadão é um ator, um *Hipokrites*: "O homem da sociedade está todo inteiro na sua máscara. Não estando quase nunca em si mesmo, quando está se sente estranho, desconfortável. O que é, não é nada; o que parece, é tudo para ele".[93]

As mil maneiras de falar que não se devem tomar ao pé da letra, os mil oferecimentos aparentes que apenas são feitos para serem recusados, mil armadilhas que a polidez arma contra a boa-fé rústica. Na vida culta ouve-se sempre: contai comigo quando precisardes, disponde de meu crédito, de minha bolsa, de minha casa, de meus bens. Se tudo isso fosse sincero e imediatamente aceito, pondera Rousseau, não haveria povo menos preso à propriedade. A comunidade de bens estaria aqui quase estabelecida: o mais rico oferecendo continuamente e o mais pobre aceitando sempre. Tudo seria naturalmente nivelado. Em lugar disso, reinam nas cidades as fortunas e, consequentemente, na desigualdade, a mais suntuosa opulência e a mais deplorável miséria. Desses pares antagônicos vive, exatamente, a vida civilizada, e a fácil ternura de coração tem outros objetivos e exige do homem civilizado uma aprendizagem precisa e requintada: aprende-se a advogar com habilidade a causa da mentira, a abalar, à força da Filosofia, todos os princípios da virtude, a colorir com sofismas sutis as próprias paixões e os próprios preconceitos, e a dar ao erro uma feição que está na moda e de acordo com a ordem do dia. "Assim, nunca alguém diz o

---

[93] Rousseau, J.-J., 1966, p.298.

que pensa, mas o que lhe convém fazer pensar aos outros, e o zelo aparente pela verdade nunca é neles senão a *máscara* de um interesse".[94] Através dela pode-se fazer a radiografia da gente polida: trata-se de uma máquina que não pensa e que se faz pensar por impulso; é como um relógio ao qual se dá corda apenas por 24 horas. Esse homem vai, cada noite, aprender em seus círculos o que pensará no dia seguinte. Para ele, o bom, o mau, o belo, o feio, a verdade e a virtude têm apenas uma existência local e circunscrita; a cada visita deve, ao entrar, abandonar a alma, se tiver uma, tomar uma outra com as cores da casa, como um lacaio veste uma libré, retirá-la, da mesma forma, ao sair e retomar, se quiser, a sua até nova troca.[95]

Com efeito, esse homem é alvo de exame tão intransigente porque seus sentimentos não partem do coração, suas luzes não estão no espírito, e suas palavras não representam seus pensamentos. O critério ético é o mais importante de todos os discernimentos, e tal princípio só pode ser concretizado por meio de uma ação espontânea, despojada de todo e qualquer interesse supérfluo. Obscuro para si e para os outros, o homem da cultura imita, encena a aparência da virtude, e a crítica ao que isso representa traduz a decepção diante do desvio da finalidade moral. É nesse sentido que a aparência moral é inaceitável. Ela alimenta a *deformação* humana vivida na sociedade:

> Julga se tenho razão em chamar esta multidão de um deserto e em assustar-me com uma solidão onde só encon-

---

94 Rousseau, J.-J., 1994, p.212.
95 Idem, p.213.

tro uma vã aparência de sentimentos e de verdade que muda a cada instante e se destrói a si mesma, onde apenas percebo espectros e fantasmas que impressionam olhar por um momento e desaparecem logo que os queremos agarrar. *Até agora vi muitas máscaras; quando verei rostos de homens?*[96]

O espírito do homem social não se reconhece mais em si mesmo, mas se busca no exterior, entre as coisas. A separação entre o que é essencial, o conhecimento genuíno de si mesmo, e o que é sobejo, a exterioridade brilhante, cria inexoravelmente uma deformação encoberta pelo *déguisement*. A inovação nesse processo reside na participação ativa da "Filosofia": ela é a base para a escultura de Glaucus, pois fornece o respaldo racional a esse novo homem que, à semelhança da estátua, "lembra menos um deus que uma besta-fera" detentora de deformações morais graves e marcantes. A "Filosofia" pela reflexão cúmplice, porque justificadora da aparência, e as regras "morais" pelo cultivo do exemplo espetacular, teatral, unem-se para exaltar a vida da cultura e dão suporte teórico e prático à mentira. Não importa a agudez de pensamento, mas o seu simulacro; não importa a conduta sincera, mas o interesse. Rousseau lança, dessa forma, um desafio à posteridade intelectual ilustrada, a saber, encontrar um novo lugar para a reflexão filosófica acerca da vida moral.

Na sua descrição da passagem do estado natural ao estado social e na sua concepção de vida civilizada, Rousseau inaugura no século XVIII uma visão inédita da História: a historicidade do homem a qual, na Filosofia, só foi

---

96 Idem, p.214.

possível quando o ser humano começou a ser entendido como produto de transformações progressivas, desvinculando-se de uma concepção essencial e eterna, oriunda exclusivamente da criação divina. As façanhas do homem, que, por sua vez, não estão nem um pouco associadas às suas aptidões de animal superior aos outros, são o resultado da vida social que ultrapassa e dá nova forma às existências particulares. Mas a esse homem social é dada a possibilidade de um progresso moral? No começo do segundo *Discurso*, Rousseau distingue duas espécies de desigualdades, a natural ou física e a moral ou política; esta última depende de uma espécie de convenção, estabelecida ou, pelo menos, autorizada, pelo consentimento dos homens. As mudanças nas circunstâncias humanas que levaram os homens a viver juntos em comunidades sedentárias já representam um declínio nas perspectivas de felicidade e realização humanas e, ao mesmo tempo, o homem adquire, no estado civil, "liberdade moral, que é a única a torná-lo verdadeiramente senhor de si mesmo".[97] Deformada em vários aspectos, parece que essa liberdade moral não consegue mais se impor no mundo gentil, e aí, encontramos uma distância quase intransponível entre a vida comum corrompida e a responsabilidade moral individual, o que impede a possibilidade de conciliar a História e o progresso moral coletivo. A crença na educação resguarda apenas a possibilidade de recomposição moral do indivíduo, do Emílio, e não da humanidade civilizada.

---

97 Rousseau, J.-J. *Du contract social*. In: *OC* (T.III), L.I, cap.VIII, p.365.

Kant: civilização e progresso moral

História e finalidade

Como toda espécie animal, a espécie humana é uma realidade fenomênica, uma parte da natureza viva. Produzir o conceito de sua unidade com base nas razões de ser de sua diversidade física é o alvo de uma história da natureza concebida como um sistema organizado por leis. A unidade genérica da humanidade não é simplesmente escolar, lógica, abstratamente pensada; é uma unidade real, natural, porque biológica – conforme a definição de Buffon, incorporada por Kant.[98] Assim, só podemos conhecer a espécie humana por meio de sua história. Contudo, Kant inclui um interesse moral nessa aproximação naturalista à História. A dupla faceta, homem natural/homem moral, ganha a mediação da História sob o prisma transcendental: a representação da própria humanidade, na forma de uma coletividade histórica, é revestida de um interesse prático, isto é, comandado pela exigência moral.

Em Kant, a Filosofia da História se vale da faculdade do juízo reflexivo com base no seguinte princípio: para a conexão manifesta das coisas segundo causas finais, tem que ser pensada uma causalidade diferente do mecanismo, ou seja, uma causa do mundo atuante (inteligente) segundo fins, mesmo se este princípio também for muito precipitado e indemonstrável para a faculdade do juízo determinante. Neste caso, ele (o princípio) é uma simples máxima

---

98 Castillo, M., 1999, p.11.

da faculdade do juízo, em que o conceito daquela causalidade é uma simples ideia, à qual não se pretende, de modo algum, conferir realidade, mas, pelo contrário, apenas a utiliza como fio condutor da reflexão, permanecendo sempre aberto para todos os princípios explicativos mecanicistas, sem se perder fora do mundo sensível.[99] Quando Kant propõe um *plano da natureza* organizando e orientando a História, é a máxima da faculdade do juízo que o autoriza a fazê-lo. Um *plano da natureza* permanece um princípio regulador, uma hipótese de trabalho, que é válida devido à sua extrema fecundidade. Esse plano não é algo existente, mas um "como se". A ideia de finalidade possibilita trabalhar no mundo sensível com o escopo de procura das leis. Neste caso específico, leis morais. Quando dizemos, por exemplo, "a humanidade caminha para o melhor", a ideia de finalidade ajuda-nos a descobrir no progresso não um sentido que ele possua em si mesmo, mas o sentido assumido por ele diante de nós em relação aos fins da razão.

O conceito de fim (*Zweck*) é, primeiramente, prático. Nesse sentido, resulta da razão prática: o "poder dos fins" é a vontade.[100] Com efeito, a faculdade de julgar possui também, de modo mais preciso, a faculdade de julgar reflexionante, um princípio *a priori* enquanto faz uso da ideia de fim para julgar um objeto. Mas, assim procedendo, ela não está outorgando uma lei à natureza, porém a si pró-

---

[99] Kant, I. *Kritik der Urteilskraf* (Band V), 1910-1983; tradução brasileira, 1993, § 71.
[100] Kant, I. *Grundlegung zur Metaphysik der Sitten* (Band IV), 1910-1983, p.427.

pria. Ela não determina nenhum objeto por meio dessa ideia de fim e não atribui à natureza nenhuma atividade efetivamente finalizada. Ela se limita a apreender formas e leis particulares, empíricas, da natureza, como se recebesse de um princípio que colocasse fins, uma figura unificada pela conformidade ao fim, uma conexão tendo em vista um objetivo. A ideia de fim, face à natureza, tem somente um sentido regulativo e se presta a encadear de modo coerente as experiências particulares, produzindo entre elas uma ordem sistemática:

> Ora, porque o conceito de um objeto, na medida em que ele ao mesmo tempo contém o fundamento da efetividade desse objeto, chama-se fim e o acordo de uma coisa com aquela constituição das coisas que somente é possível segundo fins se chama conformidade a fins da forma dessa coisa, o princípio da faculdade do juízo é, então, no que respeita à forma das coisas da natureza sob leis empíricas em geral, a conformidade a fins da natureza na sua multiplicidade. O mesmo é dizer que a natureza é representada por esse conceito, como se um entendimento contivesse o fundamento da unidade do múltiplo das leis empíricas. A conformidade a fins da natureza, por isso, é um conceito *a priori* particular, cuja origem está meramente na faculdade de juízo reflexiva.[101]

Não se pode acrescentar aos produtos da natureza algo como uma relação a fins neles visíveis, mas apenas utilizar esse conceito para refletir sobre eles no tocante à conexão

---

101 Kant, I. *KU* (Einleitung), p.XXVIII.

dos fenômenos naturais, conexão, aliás, dada segundo leis empíricas. Esse conceito também é diferente da conformidade à finalidade prática (da arte, ou dos costumes, por exemplo), mesmo se pensado a partir de uma analogia com aquela. Sendo assim, o mundo é formado de tal maneira que as leis nele reinantes conduzem-no a um desenvolvimento de ordem final, quer seja ela pensada por meio da teleologia física, quer seja completada pela teleologia moral. O alvo derradeiro da criação é o ser racional (*Vernunftwesen*) como sujeito da moralidade. O conjunto formado por tais seres constitui um *mundo moral*, um *reino dos fins*. E o fim último da natureza, no homem, é a cultura. Mas, ao pensarmos na possibilidade de um desenvolvimento ou progresso da cultura, imediatamente se sabe que este não garante o progresso moral. No entanto, devemos pensar e encontrar o progresso moral lá dentro.

Se devemos encontrar no próprio homem o que, como fim, deve ser estabelecido por sua conexão com a natureza, ou o fim precisa ser de tal modo que ele próprio possa ser satisfeito por meio da natureza na sua beneficência (*Wohltätigkeit*), ou se trata de aptidão e habilidade para toda espécie de fins, para o que a natureza (tanto externa como interna) pode ser por ele utilizada. O primeiro fim da natureza seria a felicidade. O segundo, a cultura do homem. Mas, antes de chegar ao fim último (*Letzten Zweck*) da natureza, é preciso dizer: ele só pode ser fixado quando tiver sido estabelecido o fim terminal (*Endzweck*) da criação, "fim incondicionado e o único podendo pôr fim ao sistema de fins da natureza". Este fim terminal só pode ser o homem sob a lei moral. Conhecido, pois, tal fim, estamos autorizados a ver algo no homem como o fim último da natureza, que, aliás, não pode estar fora da natureza, pois é algo que ela é capaz de realizar, a fim de preparar o homem para o que ele próprio tem a fazer para ser o fim terminal.

O conceito de felicidade não pode ser considerado base para o fim último da natureza. O homem projeta para si mesmo a ideia de um estado, que ele quer adequar sob condições simplesmente empíricas. Isto o conduz de maneira inevitável a mudar, de modo frequente, esse conceito. Se a natureza estivesse submetida a um conceito parecido, não se poderia admitir nenhuma lei universal determinada e segura, pois seria impossível concordar o vacilante conceito com o fim proposto pelos indivíduos a si mesmos. Mesmo se reduzirmos esse conceito à verdadeira necessidade natural, na qual a nossa espécie concorda plenamente consigo mesma, ou se pretendermos dar um grande valor à habilidade para criar fins por si imaginados, nesse caso nunca seria alcançado o que o homem entende por "felicidade" e o que é o seu último e próprio fim na natureza (não fim da liberdade).[102] O fato de cada um colocar para si mesmo um fim singular e determiná-lo como objeto de felicidade indica um poder de escolha, uma liberdade. Por conseguinte, é ilusório igualar "felicidade" e "fim último da natureza". A primeira é apenas um fim relativo.

Sendo assim, resta procurar o fim último na condição subjetiva, na aptidão de se colocar para si mesmo fins em geral e usar a natureza como meio. Ora, produzir a apti-

---

102 Idem, § 83.

dão de um ser racional para fins desejados em geral (por conseguinte, na liberdade) é próprio da *cultura*. "Só a cultura (*Kultur*) pode ser o fim último, o qual se tem razão de atribuir à natureza a respeito do gênero humano."[103] A natureza promove no homem dois tipos de cultura: a primeira é a da *habilidade*. Ela não pode se desenvolver bem no gênero humano, a não ser graças à desigualdade entre os homens. Essa desigualdade promove a opressão de uns por outros e aumenta o descontentamento interno. A miséria cresce paralela ao progresso da cultura. "Mas a brilhante miséria está atrelada, contudo, ao desenvolvimento das disposições naturais, e o fim da própria natureza é todavia atingido dessa forma, mesmo que não seja o nosso fim."[104] Ao conflito das liberdades opõe-se um poder conforme a lei num todo chamado *sociedade civil*, pois somente nela pode ter lugar o maior desenvolvimento das disposições naturais. Contudo, essa sociedade requer ainda um todo cosmopolita (*Weltbürgerliches Ganze*), o sistema de todos os Estados sob o acordo legal que garante a paz entre eles. Assim, a natureza promove o desenvolvimento de todos os talentos do homem pela oposição que exerce.

O segundo tipo de cultura é a *cultura da disciplina* (*Kultur der Zucht* [*Disziplin*]). As inclinações dificultam muito o desenvolvimento da humanidade, porque atrapalham os homens em seu afã de estabelecer fins. Logo, impõe-se uma disciplina especial como condição necessária a essa

---

103 Idem, ibidem.
104 Idem, ibidem.

atividade. A segunda forma de cultura é negativa e consiste na liberação da vontade, face ao despotismo dos desejos. A natureza mostra, assim, o seu intento de reduzir o que ainda há de animalidade e rudeza no homem.

>As belas-artes e as ciências que, por um prazer universalmente comunicável e pelas boas maneiras e refinamento na sociedade, ainda que não façam o homem moralmente melhor, tornam-no porém civilizado, elevam-se em muito à tirania da dependência dos sentidos e preparam-no assim para um domínio no qual só a razão deve mandar.[105]

Em resumo, o homem, único ser na Terra possuidor de entendimento e de uma faculdade de voluntariamente se propor fins, merece ser denominado, de maneira correta, senhor da natureza. A cultura, na medida em que promove essa aptidão para se propor fins, é o fim último da natureza. O homem só merece o mando da natureza se puder se propor fins incondicionados em sua ação. Deste modo, ele é o *fim terminal da criação*, independente da natureza. Ele, como sujeito moral, é o fim terminal, e, por isso,

>não necessita de nenhum outro fim como condição de sua possibilidade. [E mais:] Sobre o homem (assim como qualquer ser racional no mundo) enquanto ser moral não é possível continuar a perguntar: para que (*quem in finem*) existe ele? A sua existência possui nele próprio o fim mais elevado, a que – tanto quanto lhe for possível – pode submeter toda a natureza, perante o qual ao menos ele não pode considerar-se submetido a nenhuma influência da natureza.

---
105 Idem, ibidem.

Ora, se as coisas do mundo, como seres dependentes segundo a sua existência, necessitam de uma causa suprema, atuando segundo fins, então o homem é o fim terminal da criação, pois que sem este a cadeia dos fins subordinados entre si não seria completamente fundamentada.[106]

Para Kant, a cultura e o homem se complementam para fornecer sentido à natureza e ao ato livre de se propor fins. A primeira configura-se como a instância na qual o homem reconhece sua capacidade para a liberdade e para ultrapassar o condicionado.

A ideia de civilização

Inicialmente, Kant estabelece nuanças entre cultura e civilização que seguem a ordem hierárquica do desenvolvimento das disposições. Aquela indica uma etapa anterior à civilização, quando designa todas as primeiras formas do domínio dos instintos. Esta representa um momento posterior, fortemente marcado pela aparência e pelos falsos brilhos. A cultura (*Kultur*) consiste no desenvolvimento de nossas disposições naturais, como criaturas racionais. É o estado da habilidade no qual o homem saiu do instinto, sem ter ainda a lei. Trata-se de um momento de grande baliza pedagógica: refere-se às primeiras tentativas de uma disciplina das inclinações naturais do ser humano: "Este homem é suscetível e tem necessidade de uma educação, tanto sob a forma de ensi-

---

106 Idem, § 84.

namento como de disciplina (*Zucht* [*Disziplin*])".¹⁰⁷ Essa significação particular toma lugar nas referências cronológicas e não é, por assim dizer, tematicamente problemática. Ela marca os primeiros degraus do começo de uma periodização do desenvolvimento cultural e significa os primeiros passos da humanidade, forçada a deixar o seio da natureza e superar a brutalidade dos instintos. *Essa significação, globalmente pedagógica*, se liga aos esboços iniciais de uma disciplina dos pendores naturais distinguidos pela penúria, pela escassez dos meios de subsistência e pela miséria engendrada pela discórdia. Ela corresponde, na periodização kantiana da história cultural, à selvageria e à barbárie que são igualmente dois estados sem lei. Esse estado é o de uma cultura ainda grosseira e pessoal em que cada um aprende por sua própria conta e com seus próprios meios. O desenvolvimento é primeiramente pessoal, depois civil e, por fim, cosmopolita.¹⁰⁸

Nós somos altamente *cultivados* (*kultiviert*) no domínio das artes e da ciência. Somos *civilizados* (*zivilisiert*) em excesso, quando se trata das boas maneiras e da responsabilidade social. Mas quanto a nos considerar já *moralizados* ainda falta muito. A ideia de moralidade, sem dúvida, faz parte da cultura; mas a aplicação dessa ideia, que se restringe apenas à honra e a um saber viver em sociedade, constitui simples-

---

107 Kant, I. *Anthropologie in pragmatischer Hinsicht* (Band VII), 1910-1983, p.323.
108 Kant, I. *Reflexionen zur Anthropologie* 1524 (Band XV). Doravante, *ref. Anthropologie in pragmatischer Hinsicht*, as ideias baseiam-se em Castillo, M., 1990, p.111-5.

mente a civilização. Enquanto, porém, os Estados consagrarem todas as suas forças a quiméricos e violentos propósitos de conquista, entravando assim, sem cessar, o lento esforço da formação interior do modo de pensar dos seus cidadãos, privando-os de todo o apoio no cumprimento desse fim, não se pode contar com um empreendimento desse tipo, pois um *longo trabalho interior* é necessário da parte de cada comunidade para a educação (*Bildung*) dos seus cidadãos. Todo bem que não é imbuído de uma disposição (*Gesinnung*) moralmente boa não passa de pura *aparência* e falso brilho.[109]

Kant constata a sociedade ainda como o reino da *aparência*, no qual a exterioridade é confundida com civilidade. A civilização (*Zivilisierung*) é a segunda etapa, aquela da vida social, na qual a obrigação de viver em grupo fornece novos impulsos e novos apelos às disposições originárias, cujo desdobramento se impõe pelo mundo civil. Estamos diante do reino da legalidade, onde a lei constrange os homens; onde prevalece a prudência, ou seja, a arte de tirar proveito do coletivo.[110]

Existe na natureza humana certa hipocrisia (*Unlauterkeit*) que deve em definitivo, como tudo o que vem da natureza, conduzir a bom termo; quero falar deste pendor que nós temos para esconder nossos verdadeiros sentimentos e ex-

---

109 Kant, I. *Idee zu einer allgemeinen Geschichte in weltbürgerlicher Absicht* (Band VIII), 1910-1983. Doravante *Idee. Ideia de uma história universal de um ponto de vista cosmopolita*. Sigo a tradução de Ricardo R. Terra e Rodrigo Naves, 1986 (7ª Proposição).
110 Kant, I. *Über Pädagogik* (Band IX), 1910-1983, p.486.

por outros, que supomos bons e honrosos. É certo que tal pendor, que leva os homens a dissimular seus sentimentos e a tomar uma aparência lisonjeira, não somente *civilizou-os* (*zivilisiert*), mas, ainda, em certa medida, *moralizou-os* pouco a pouco, porque ninguém podia compenetrar-se, de uma só vez, por meio da dissimulação da decência, da honorabilidade e da moralidade. Encontramos, então, nos supostos bons exemplos vistos à nossa volta, uma escola de aperfeiçoamento para nós mesmos. Porém, essa disposição a nos fazer passar por melhores do que somos e a manifestar sentimentos ainda ausentes, de qualquer sorte, só serve *provisoriamente* para despir o homem de sua rudeza e lhe fazer tomar, ao menos no começo, *a maneira* (*die Manier*) do bem por ele conhecido; pois, uma vez desenvolvidos e transpostos os bons princípios para a maneira de pensar, esse fingimento (*Falschheit*) deve então ser pouco a pouco combatido com rigor, caso contrário, corrompe o coração e sufoca os bons sentimentos sob o joio da bela aparência.[111]

É, portanto, no seio da imoralidade que devemos enxergar a positividade da prudência; tal ato, como prudência, comandado pela necessidade natural, mas não interditando a realização de um mundo moral, deve poder ser interpretado como tendendo finalmente à moralidade. Isso implica que o

> conceito de civilização nos conduz ao centro de uma das mais agudas dificuldades especulativas da doutrina kantiana, que é a de compreender como um só e mesmo fenômeno

---

111 Kant, I. *KrV* (Band III), B776, 1910-1983.

pode ser, ao mesmo tempo, determinado pela natureza e pela liberdade. Essa codeterminação é percebida na *significação* que pode tomar este ou aquele fenômeno natural, é o que lembra o texto da disciplina da razão pura ao precisar, quando ele apresenta a falsidade humana como devendo conduzir a bons fins, "como tudo o que vem da natureza". O conceito kantiano de civilização exprime exatamente essa codeterminação, sem a qual os mesmos fenômenos que se chamam civilização, se não pudermos lê-los como premissas de um desenvolvimento moral, deveriam se chamar barbárie.[112]

Nessa exposição cronologicamente progressiva, a civilização corresponde à disciplina dos pendores, no cenário da vida comunitária. A obrigação de viver em conjunto fornece novos impulsos e novas solicitações às disposições originárias cujo desdobramento se impõe para a concorrência social. As descrições de Kant refletem as preocupações da época e evocam, à semelhança de Rousseau, a multiplicação de necessidades supérfluas, as paixões excitadas pela comparação e as tiranias da mundanidade. Elas englobam também o desenvolvimento das artes e do gosto, o interesse pelas ciências e letras. Acontece, por vezes, que o termo "cultura" seja empregue como sinônimo de civilização, sem observar para tanto a significação específica, que é sempre aquela de um desenvolvimento sob um constrangimento social. A identificação dos dois termos não designa nada além de uma etapa do desenvolvimento que corresponde às manifestações mais visíveis da vida em comum, numa época que ama e cultiva

---

[112] Vincenti, Luc., op. cit., p.223.

o luxo. A civilização é simplesmente inserida no processo geral da história cultural humana. O intercâmbio entre os termos "cultura" e "civilização" exprime a tomada de consciência, banal à época, do laço que une a sociabilidade ao desenvolvimento dos indivíduos.[113]

O parágrafo 83 da *Crítica da faculdade do juízo* evoca, assim, a desigualdade e o luxo inerentes ao progresso da cultura, entendida como obra civilizadora. A sociedade civil é apresentada como o espaço necessário ao maior desenvolvimento das faculdades humanas:

> A condição formal, sob a qual somente a natureza pode alcançar esta sua intenção última, é aquela constituição na relação dos homens entre si, em que ao prejuízo recíproco da liberdade em conflito se opõe um poder conforme leis num todo que se chama *sociedade civil*, pois somente nela pode se dar o maior desenvolvimento das disposições naturais.[114]

Sendo a ênfase colocada sobre a decência – a obediência às regras sociais, sob os esforços do espírito –, a etapa cultural da civilização designa o desenvolvimento das faculdades racionais do homem pelas ciências e pelas artes. A inteligência e a sensibilidade emergem do estado de grosseria para se tornarem, aos olhos do outro, a aparência vantajosa. Essa racionalização pragmática da civilização representa o momento privilegiado da cultura da habilidade.

Nessa construção hierárquica, a civilização assume também uma importância decisiva relativa ao Direito: ela de-

---
113 Castillo, M., 1990, Loc. cit.
114 Kant, I. *KU*, § 83.

signa a disciplina dos pendores pelo constrangimento exercido numa sociedade civil, isto é, política. Não somente a brutalidade e a rudeza aí são corrigidas, mas Kant nela encontra também a formação de certo senso civil que favorece uma união jurídica dos homens. Assim como em Rousseau, a questão de saber se convém interpretar tal desenvolvimento como sinônimo de aperfeiçoamento também se impõe a Kant. A avaliação do conceito de civilização é estrategicamente decisiva para a questão do progresso. Se o aperfeiçoamento dos costumes pelas artes define o princípio do melhor, Voltaire tem razão contra Rousseau, e o controle das aparências, afinado pela prudência e pela cultura das maneiras, a saber, seu refinamento, fornece o único suporte de um progresso racionalmente fundado.

Entretanto, a cultura comporta ainda e sobretudo uma significação específica, nitidamente teleológica, que abarca o interesse antropológico e o interesse prático. Ela designa a destinação natural suprema do gênero humano: "Qual, pergunta Kant, é a destinação natural do homem? A mais alta cultura".[115] Ela, portanto, não indica um meio, mas o fim da existência terrestre da humanidade, e seu conceito está adequado ao movimento geral da humanidade rumo à sua mais alta destinação. Apesar da sinonímia usual entre civilização e cultura, é este último termo que Kant privilegia sempre que deseja se referir à destinação moral do homem. A cultura é, então, encarregada de exprimir uma destinação suprema. A civilização, correspondendo à habilidade, designa antes um modo do desenvolvimento,

---

115 Kant, I. *Ref. Anth* 1521.

enquanto a cultura, dada sua acepção teleológica, se reveste de uma consideração em vista da finalidade última.

Esse duplo uso é manifesto na *Ideia de uma história universal de um ponto de vista cosmopolita*, assim como na *Crítica da faculdade do juízo*. A sétima proposição da *Ideia* utiliza simultaneamente a significação técnica e a dimensão teleológica da cultura. Após haver evocado o papel cultural das artes e das ciências, a civilização engendrada pelos constrangimentos, ela conclui que a moralidade está ausente e termina insistindo na significação especificamente teleológica da cultura que engloba a moral: "a ideia de moralidade faz parte da cultura".

O parágrafo 83 da *Crítica da faculdade do juízo* recorre igualmente a essas duas significações. A exposição dos artifícios da civilização e da necessidade do estado civil reporta-se aos meios da História. Mas quando se trata de designar o fim último da humanidade, não é a civilização, mas a cultura que é privilegiada. Não há, pois, modo mais expressivo de indicar que não é a civilização, mas a moralização que constitui a destinação da humanidade. Em seu sentido teleológico, a cultura designa claramente a necessidade de uma *passagem* à moralização.

Porque ela se aplica ao indivíduo, assim como ao gênero, e para permanecer fiel ao princípio teleológico, é necessário privilegiar esse último sentido da palavra cultura, que abarca todos os aspectos do confronto entre legalidade e moralidade, estas relacionadas aos respectivos objetivos da civilização e da moralização dos homens. Esse último sentido revela a originalidade da apreensão kantiana da história cultural e comporta um sentido mais temático e problemático do que temporal e cronológico. A intenção de Kant é realçar a exigência prática de ultrapassar o estado de uma disciplina por constrangimento. Numerosos textos, entre eles o opúsculo *O que é o esclarecimento?*, mostram que o filósofo se coloca na perspectiva de uma espécie de "revolução copernicana" dos costumes. Suas tentativas de periodização da História, ao sublinhar o fato de que um longo caminho há ainda a ser percorrido, manifestam a esperança de uma mudança das mentalidades:

> Os homens estão no segundo degrau do progresso rumo à perfeição, é verdade que cultivados e civilizados, mas não moralizados. (...) A necessidade nessas duas matérias findará por acarretar a moralização, e esta pela educação, a constituição política e a religião. No momento atual, a religião não é mais do que uma civilização pela disciplina.[116]

No cerne dessa avaliação global das etapas da História, a civilização se situa em segundo lugar, mas é ela, de fato, que deve refletir o duplo aspecto da noção de cultura. Ela é o lugar problemático de uma reforma dos costumes. Assim que a análise das relações entre legalidade e moralidade permite conceituá-la, a civilização se apresenta como o meio para conformar os comportamentos a uma regra, mas sua vocação cultural é também ultrapassar essa simples conformidade. Assim como para o conceito de legalidade, a civilização deve se propor como meio de sua própria superação.[117]

---

116 Kant, I. *Ref. Anth* 1460.
117 Castillo, M., 1990, p.115.

Por meio de tentativas, ensaios e repetições, o homem exercita a sua educação moral. A participação da natureza faz-se pelo encaminhamento à vida social. Nela o homem se educa. A tutela da natureza, por consequência, é pedagógica quando faz uso das nossas inclinações manifestas na hipocrisia e nos prepara para a liberdade. Lembremo-nos: a educação kantiana pede disciplina e tutela no início, para depois, pouco a pouco, se fazer o implemento da autonomia. Na "escola de aperfeiçoamento", ou seja, na sociedade, o processo de moralizar-se é lento, porém contínuo. De modo gradativo, a vida social ensina aos homens como se tolerar mutuamente. Nesse sentido, a *bela aparência* assume um viés positivo, embora o seu aspecto provisório lhe confira sempre o estatuto de exemplo no seu sentido ilustrativo e nunca o de exemplo moral.

E, deste modo, um acordo *patologicamente* extorquido em vista da instituição de uma sociedade pode se transformar num todo moral.[118] Eis o fim para o qual conspira a natureza: no mal civilizado encontram-se os germes do progresso. Diferentemente da proposta de Rousseau, a cultura não é aqui oposta à natureza; pelo contrário, ela a arremata, pois a cultura representa o estado no qual a natureza pode melhor desenvolver as disposições que instilou na humanidade. Na cultura, o fim da natureza atinge sua consecução, que consiste em cada vez mais suplantar a grosseria e a brutalidade daquelas tendências que em nós pertencem mais à animalidade.[119] Mas Kant

---

118 Kant, I. *Idee*. 4ª proposição.
119 Kant, I. *KU*, § 83.

não descura das advertências moralmente profundas do autor de *O contrato social* quando analisa o modo civilizado. Tanto isso é verdade que, em Kant, a diferença entre civilização e moralidade é irredutível, pois a dissemelhança entre realidade e ideal não é apenas empírica. Se a teleologia designa a moralidade como alvo da espécie, não se deve, portanto, superestimar a continuidade do processo civilizador[120] e imaginar que ele, como reprodução dos costumes no cultivo da honra e das convenções exteriores, já se ponha na integralidade da condição moral. *A religião nos limites da simples razão* nos dá prova disso, quando, a propósito da nova opinião, acolhida particularmente pelos filósofos e pedagogos, segundo a qual o mundo caminharia para o melhor, Kant precisa: "Eles não retiraram, por certo, essa opinião da experiência, pois, se o quesito diz do bem ou do mal *moral* (e não da civilização [*Zivilisierung*]), a história universal, contra isso, se levanta firmemente". Ou ainda, na terceira seção da primeira parte da mesma obra, na qual o autor se refere àquilo que poderia nos creditar um pendor para o mal, passando pelas barbáries cometidas pelos silvícolas em guerra até a falsidade secreta exercida em obediência às máximas universais da prudência: "E são suficientes os vícios da *cultura* (*Kultur*) e da *civilização* (*Zivilisierung*) (de todos os mais penosos) para desviar seu olhar da conduta dos homens".[121]

---

120 Raulet, G., 1996, p.50.
121 Kant, I. *Die Religion innerhalb der Grenzen der bloßen Vernunft* (Band VI), 1910-1983, p.20.

Considerações finais

Qualquer fim perseguido pela natureza levará, infalivelmente, ao homem como o alvo da criação. Logo, haverá um momento no qual a teleologia física cederá, de modo definitivo, lugar à teleologia moral como explicação, restando entre elas apenas a analogia da organização com vista a fins determinados, e a segunda preencherá as carências da primeira. Reconheçamos, portanto, aos homens somente como seres morais, ou seja, como fim da criação, como possuidores de razão, ao menos a condição principal para considerar o mundo um todo coerente segundo fins e sistema de causas finais;

> mas, antes de mais nada, temos um princípio para referência, para nós necessária (tendo em conta a constituição da nossa razão), de fins da natureza a uma causa do mundo inteligível, que nos serve para pensar a natureza e as qualidades desta primeira causa como fundamento supremo no reino dos fins e assim determinar o conceito destes, coisa de que a teleologia física não era capaz, a qual somente podia originar conceitos indefinidos, precisamente por isso inúteis, tanto para uso teórico como prático.[122]

Como ser moral, o homem é convocado a colaborar na consecução do *reino dos fins*, pois a natureza não está incumbida de fazer tudo. Os seus limites obrigam-no a reservar um espaço para o movimento do homem, e uma finalidade condutora da História não é incompatível com

---

122 Kant, I. *KU*, § 86.

o homem livre. A natureza prepara, mas não realiza, a liberdade: para descobrir onde é que ao menos em relação ao homem temos de colocar aquele fim terminal da natureza, somos obrigados a selecionar o que a natureza foi capaz de realizar para *prepará-lo* para aquilo que ele próprio tem de fazer para ser o fim terminal (*Endzweck*).[123] Com efeito, a natureza, apesar de não poupá-lo em detrimento dos outros animais, parece ter destinado o homem a ser o seu senhor, mas na "medida em que ele próprio se faça para isso". Desse lugar, o homem é chamado a participar da realização do soberano bem no mundo, e a tarefa da finalidade não é mais ajustar simplesmente as causas aos fins, porém transpor o desafiador problema de uma contradição entre as próprias finalidades naturais. A questão da vida adquire um novo impulso por meio do prolongamento cultural que se introduz como um desenraizamento do homem, impensável fora de um movimento da reprodução animal, em vista daquele da produção civilizada de si.

Civilizado, o homem kantiano tem um alvo maior: a moralização. Civilização e cultura representam etapas da História que ganham expressão na filosofia crítica de Kant a partir da teleologia e recebem seu coroamento no âmbito prático. Situado no debate moderno em torno dos limites morais da civilização, Kant propõe uma resposta a partir do que chamaríamos uma zona limítrofe para a interpretação da vida social: a civilização se situa entre a vida natural, rude, e o todo puramente moral, preparando a

---

123 Idem, ibidem.

primeira para o eventual reinado do segundo. Rousseau, porque separa progresso e História, parece não ir além à busca do todo moral, embora seja a partir dele que se pronuncie filosoficamente sobre o mal civilizado. Mas, se observarmos o final da *Antropologia de um ponto de vista pragmático*, veremos um aspecto que nos facultaria localizar certa convergência entre os dois filósofos, mesmo diante de suas significativas diferenças:

> "A espécie humana", diz Kant, que constitui "uma massa de pessoas se sucedendo ou coexistindo, não pode passar sem a vida em conjunto dentro de um estado de paz, mas não consegue evitar que se causem continuamente, umas às outras, desagregação; essas pessoas, por conseguinte, ressentem-se do fato de uma coação recíproca, destinadas pela natureza a formar, sob leis nascidas delas mesmas, um conjunto constantemente ameaçado de se destruir, mas progredindo globalmente a fim de atingir uma sociedade de *cidadãos do mundo* (cosmopolitismo)".[124]

Com efeito, essa *ameaça* de se destruir, tópico não desprezível na filosofia da história kantiana,[125] não permite assegurar um progresso sem arranhões, isto é, um progresso ininterrupto para o melhor. Mesmo porque, se "o pendor egoísta do homem" não fosse levado em conta, isso tornaria um tanto artificial a solução que aporta a ideia segundo a qual somente na espécie devemos depo-

---

124 Kant, I. *Anthropologie in pragmatischer Hinsicht* (Band VII), 1910-1983, p.331.
125 Kant, I. *Idee*, 7ª proposição.

sitar nossas esperanças, pois isolaríamos os atos dos homens livres. A espera pelo todo cosmopolita permanece uma espera e não uma certeza, mesmo que moralmente devamos trabalhar para sua consecução.

Não obstante haver em Kant uma esperança vinculada à História, o que não aparece em Rousseau, ao menos como o caminho de um alvo perseguido, a destituição da determinação absoluta para o progresso se dá por causa de um caminho já anunciado pelo autor do *Contrato social*: o homem é o mestre de si mesmo. Essa constatação, todavia, tem seu lado aporético: a liberdade não é o elemento que, por si só, garantirá o bem. O homem torna-se mau quando se transforma verdadeiramente em homem, quer dizer, quando se torna um fim para si mesmo, e seu egoísmo proclama que tudo na natureza deve se render a seus planos. A civilização dá provas disso: mesmo que ela seja um fator de inibição do interesse egoísta do proprietário ao ser encarada como sociedade política, em Rousseau, ou como uma transição para um estado moral, em Kant, os dois autores reconhecem que nela não reside a hipoteca do bem. A passagem à cultura não elimina, embora obste, aquele egoísmo e, logicamente, não há como não considerar os transtornos morais da vida cultivada que ela mesma cria. O fato é que os dois filósofos transformam o tema do progresso num grande momento da reflexão moderna e o inserem, definitivamente, num meridiano moral quando pensamos a destinação do gênero humano em seu conjunto. De modo oposto aos autores precedentes, que fazem dos seus discursos (diretos e indiretos) sobre a vida civilizada ou um código de ação de como nela viver e como dela tirar o melhor proveito, ou um conjunto de reprovações sinceras, Rousseau e Kant constroem uma interpretação filosófica que insere a vida civil no repertório explicativo da constituição do mundo moderno. Com isso, a civilização se apresenta como um campo fecundo para parametrizar os avanços e os recuos dos homens em sua trajetória e, desse modo, transforma-se num dos conceitos mais importantes da Filosofia da História, nascida no século XVIII. Por certo, isso só é possível graças ao cunho que assume a própria Filosofia da História ao privilegiar o prisma moral. O tom dessa perspectiva é indubitavelmente dado por Rousseau e por Kant.

Referências bibliográficas (do Apêndice)

ACCETTO, T. *Da dissimulação honesta*. Trad. Edmir Missio. São Paulo: Martins Fontes, 2001.
AGOSTINHO. *Opera Omnia* (Patrologiae Latinae). Paris: Migne, 1865.
ALVES, P. M. S. Do primado do prático à filosofia da história. In: FERREIRA, M. J. C.; SANTOS, L. R. (Orgs.) *Religião, história e razão da Aufklärung ao Romantismo*. Lisboa: Colibri, 1994.
BENVENISTE, E. *Problèmes de linguistique générale*. v.I. Paris: Gallimard, 1966.
BERLIN, I. *Os limites da utopia*. Trad. Valter L. Siqueira. São Paulo: Companhia das Letras, 1991.
BINOCHE, B. (Org.) *Les équivoques de la civilisation*. Seyssel: Champ Vallon, 2005.
BRUCH, J.-L. *La philosophie religieuse de Kant*. Paris: Aubier, 1968.
BRUNNER, O.; CONZE, W.; KOSELLECK, R. *Geschichtliche Grundbegriffe*. Stuttgart: Klett-Cotta, 1992.
CAMPORESI, P. *Hedonismo e exotismo*. A arte de viver na época das Luzes. Trad. Gilson de Souza. São Paulo: UNESP, 1996.
CASTILLO, M. *Kant et l'avenir de la culture*. Paris: PUF, 1990.
CASTILLO, M. Naissance du concept d'histoire philosophique. In: KANT, E. *Histoire et politique* – textes & commentaires. Com

anotações de M. Castillo, traduzido por G. Leroy. Paris: Vrin, 1999.

CONDORCET. Discours prononcé dans l'Académie Françoise le jeudi XXI février MDCCLXXXII, à la réception de M. le Marquis de Condorcet, a Paris, chez Demonville, Imprimeur-Libraire de l'Académie Françoise. Reproduzido em *Sur les élctions et autres texts*. Paris: Fayard, 1986.

CONDORCET. *Esboço de um quadro histórico dos progressos do espírito humano*. Trad. Carlos Alberto Ribeiro de Moura. Campinas: Unicamp, 1993.

D'ALEMBERT. Discours Préliminaire de l'Encyclopédie. In: *Encyclopédie ou dictionnaire raisonné des sciences, des arts et métiers, par une sociéte des gens de lettres*. New York: Pergamon Press, 1969. [1751-1776, 5v.]

D'ALEMBERT. *Essai sur les éléments de Philosophie*. Paris: Fayard, 1986.

DELLA CASA, G. *Galateo ou dos costumes*. Trad. Edileine V. Machado. São Paulo: Martins Fontes, 1999. [1558]

DICTIONNAIRE Universel François et Latin. Paris: Trévoux, 1721.

DINOUART Abade. *L'art de se taire*. Paris: Desprez, 1771.

DUMARSAIS. Article Philosophie. In: *Encyclopédie ou dictionnaire raisonné des sciences, des arts et métiers, par une sociéte des gens de lettres*. New York: Pergamon Press, 1969. [1751-1776, 5v.]

FÉNELON. *Oeuvres*. 2v. Paris: Gallimard, 1997 (Bibliothèque de la Pléiade).

FERRARI, J. Kant et la philosophie française. In: THEIS, R.; SODOE, L. K. *Les sources de la philosophie kantienne: XVIIe et XVIIIe*. Paris: Vrin, 2005.

GILSON, E. *Introduction à l'étude de Saint Augustin*. Paris: Vrin, 1949.

GOLDSCHMIDT, V. Le problème de la civilisation chez Rousseau. *Manuscrito*, n.2, abr. 1980.

GONDI, P. de (Cardeal de Retz). *Oeuvres*. Paris: Librairie Hachette, 1887 (Collection des Grands Écrivains de la France).

GUIZOT, F. *Cours d'histoire moderne*: histoire de la civilisation en Europe depuis la chute de l'Empire Romain jusqu'à la Révolution Française. Paris: Pichon et Didier, 1828.

GUSDORF, G. *Les principes de la pensée au Siècle des Lumières*. Paris: Payot, 1971.

HAZARD, P. *La pensée européenne au XVIIIe siècle*. Paris: Fayard, 1963.

HUME, D. Of luxury. In: *Political discourses*. Edinburgh, 1752.

KANT, I. *Crítica da faculdade do juízo*. Trad. Valério Rohden e António Marques. Rio de Janeiro: Forense Universitária, 1993.

KANT, I. *Ideia de uma história universal de um ponto de vista cosmopolita*. Trad. Ricardo R. Terra e Rodrigo Naves. São Paulo: Brasiliense, 1986.

KANT, I. *Kant's Gesammelte Schriften*. Königlich Preussischen Akademie der Wissenschaften. Berlim: Walter de Gruyter, 1910-1983.

KRYGER, E. *La notion de liberté chez Rousseau et ses répercussions sur Kant*. Paris: Librairie A.G.Nizet, 1978.

LA BRUYÈRE, J. *Les caractères ou les moeurs de ce siècle*. Paris: Booking International, 1993.

LAURENT, B. *L'esprit des Lumières et leur destin*. Paris: Ellipses, 1996.

LESSING, G. E. *Sämtliche Schriften*. Leipzig: Göschen'sche Verlagshandlung, 1897.

MANCINI, I. *Kant e la teologia*. Assis: Cittadella Editrice, 1975.

MENDELSSOHN, M. Über die Frage: was heißt aufklären? (1784). In: *Schriften über Religion und Aufklärung*. Darmstadt: Wissenschaftliche Buchgesellschaft, 1989.

MENEZES, E. *História e esperança em Kant*. São Cristóvão: Editora da Universidade Federal de Sergipe/Fundação Oviêdo Teixeira, 2000.

MENEZES, E. Acerca da ideia de providência na filosofia da história kantiana. *Philosophica*, n.2, 2001.

MIRABEAU, V. R., Marquês de. *L'ami des hommes, ou Traité de la population*. 7t. Avignon, 1756-1758.

MONTAIGNE, M. *Oeuvres complètes*. Paris: Gallimard, 1992 (Bibliothèque de la Pléiade).

MORAS, J. *Ursprung und Entwicklung des Begriffs der Zivilisation in Frankreich (1756-1830)*. Hamburg: Seminar für romanische Sprachen und Kultur, 1930.

PÉCORA, A. O livro do prudente secretário. Apresentação. In: ACCETTO, T. *Da dissimulação honesta*. Trad. Edmir Missio. São Paulo: Martins Fontes, 2001.

PÉCORA, A. Razão e prazer da civilidade. Prefácio. In: DELLA CASA, G. *Galateo ou dos costumes* (1558). Trad. Edileine V. Machado. São Paulo: Martins Fontes, 1999.

PHILONENKO, A. *Notes à sa traduction*. In: KANT, I. *Réflexions sur l'éducation*. Paris: Vrin, 1987, n.86.

PLATÃO. *Oeuvres complètes*. Paris: Les Belles Lettres, 1992.

RAULET, G. *Kant. Histoire et citoyenneté*. Paris: PUF, 1996.

RÉTAT, P. La querelle du luxe. *Dix-Huitième siècle*, n.26, 1994.

ROUSSEAU, J-J. *Émile ou de l'éducation*. Paris: Garnier-Flammarion, 1966.

ROUSSEAU, J-J. *Júlia ou a nova Heloísa*. Trad. Fulvia Moretto. São Paulo: Hucitec/Campinas: Edunicamp, 1994.

ROUSSEAU, J-J. *Oeuvres complètes* (Écrits Politiques, v.III). Paris: Gallimard, 1996. (Bibliothèque de la Pléiade).

ROUSSEAU, J-J. Rousseau juge de Jean-Jaques. Dialogues, II. In: *Oeuvres complètes*, t.I. Paris: Gallimard, 1959. (Bibliothèque de la Pléiade).

ROUSSET, J. *Littérature de l'age barroque en France*. Paris: Corti, 1954.

SALINAS FORTES, L. R. *Paradoxo do espetáculo*: Política e poética em Rousseau. São Paulo: Discurso Editorial, 1997.

SAY, J.-B. *Textes choisis*. Paris: Dalloz, 1953.

STAROBINSKI, J. *A invenção da liberdade 1700-1789*. Trad. Fulvia Moretto. São Paulo: UNESP, 1994.

STAROBINSKI, J. *As máscaras da civilização*. Trad. Maria Lúcia Machado. São Paulo: Companhia das Letras, 2001.

STAROBINSKI, J. *Jean-Jacques Rousseau*: a transparência e o obstáculo. Trad. Maria Lúcia Machado. São Paulo: Companhia das Letras, 1991.

VENTURI, F. *Europe des Lumières*: recherches sur le 18e. Siècle. Paris: La Haye, 1971.

VOLTAIRE. Défense du mondain ou l'apologie du luxe. In: *Mélanges*. Paris: Gallimard, 1995 (Bibliothèque de la Pléiade).

VOLTAIRE. Le mondain. In: *Mélanges*. Paris: Gallimard, 1995 (Bibliothèque de la Pléiade).

SOBRE O LIVRO

Formato: 12 x 21 cm
Mancha: 21,3 x 39 paicas
Tipologia: Venetian 301 12,5/16
Papel: Pólen Soft 80 g/m² (miolo)
Cartão Supremo 250g/m² (capa)
1ª *edição*: 2010

EQUIPE DE REALIZAÇÃO

Edição de Texto
Maria Silvia Mourão Neto (Copidesque)
Raul C. S. Pereira (Preparação de texto)
Gabriela Trevisan e Mariana Pedro (Revisão)

Capa
Andrea Yanaguita

Editoração Eletrônica
Eduardo Seiji Seki (Diagramação)